Jane Smith

43 Woodfield ,

London SW1 ...

“It's vital that politicians and policy-makers everywhere listen to the voices of young people and take their perspectives and concerns into account. This is one of the conditions of the EU's Strategy for the Rights of the Child and I believe strongly that all young people, and not just those from the EU, should be protected and empowered by this important legislation.

“It's easy to base our perception of the Middle East solely on the terrible news reports we are so used to hearing from the region, rather than thinking of the individuals who live there. That's why this project is so important. Though the young people who took part come from very different backgrounds, they will have shared experiences common to teenagers all over the world. They also share an inspiring commitment to human rights and justice, and I am so pleased to have had the opportunity to discuss these issues with them.”

Jean Lambert MEP

”انه لمن الاهمية بمكان ان يستمع صناع القرار والساسة الى آراء واصوات الجيل الشاب وان يأخذوا هذة الاراء في حسبانهم وهذا احد اهم الشروط في استراتيجيات حقوق الطفل الاوروبية وانا مؤمنه ان كل الشباب وليس فقط شباب دول الاتحاد الاوروبي يجب ان تتم حمايتهم وتقويتهم.

”من السهل ان نبني ارائنا عن ما يحدث في الشرق الاوسط عن طريق ما يصلنا من اخبار وتقارير مذهلة والتي تعودنا سماعها والتي ابعدتنا عن التفكير بالافراد الذين يعيشون في هذة المنطقة. ولكن وجود هذا المشروع المتميز وعلى اعتبار ان الاطفال المشاركين ينحدرون من اصول مختلفة اضفى اهمية كبيرة على اللقاء على اعتبار ان هذة اصوات لكل المراهقين من كل العالم انا سعيدة جدا بالمشاركة معكم ونقاش هذة المواضيع.“

جين لامبرت البرلمان الاوروبي.

“I have been going to Palestine over the past twenty as MP and MEP. for me one picture is always there in my mind: it is meeting a child lying in a hospital bed in Gaza. He didn't speak English but took my hand and he smiled and then he showed me his wound - the bullet hole in his stomach edged by the evidence of phosphorous burns. He didn't need to say anything; his wound and his smile summed it up: the pain and the courage of a child born into a land of adult hatreds.

"I have met many children and young people in Palestine and in refugee camps in neighbouring countries. They are the future of their country and their country's future depends on us all working for peace and justice there. It depends on breaking down barriers of intolerance. Children are rather good at doing that. This record of visits and meetings and understanding between the children of our two countries is one that should make us all follow their example.”

John Bowis
Conservative MP and MEP 1987-2009

”على مدار العشرون عام الماضية قمت بزيارة فلسطين عدة مرات ولازالت صورة واحدة عالقة في ذهني وهي لذلك اللقاء الذي جمعني بطفل على احد الاسرة في مستشفى في غزة. على الرغم من ان ذلك الطفل لا يتحدث اللغة الانجليزية لكنه امسك بيدي وابتسم وراح يريني جراحه. حيث تظهر معدته وقد اخترقت وآثار حروق الفسفور الابيض واضحة من حولها. لم يكن بحاجة لان يقول اي شيء. فقد عبرت جراحه وابتسامته عن الكل. آلامه وشجاعته كطفل ولد في ارض تعمها كراهيت الكبار.

لقد التقيت بالعديد من الاطفال والكبار في فلسطين وفي مخيمات اللاجئين في دول الجوار. انهم مستقبل بلدهم هذا المستقبل الذي يعتمد علينا نحن للعمل مجتمعين من اجل السلام والعدالة في فلسطين. يعتمد على هدم الحدود والقضاء على التعصب والاطفال هم الاقدر على ذلك. هذا السجل من اللقاءات والاجتماعات بين الاطفال من فلسطين وبريطانيا هو مثال يجب ان نحتذي جميعاً به.“

جون بويس
عضو برلمان بريطاني عن حزب المحافظين
وعضو في البرلمان الاوروبي من العام
1987 الى 2009

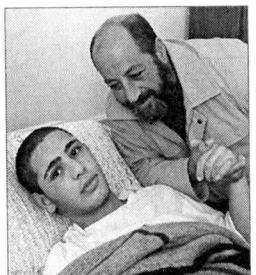

إلى همّام

For Hammam

دليل الشباب لحقوق الانسان في فلسطين

A Handbook for Young People on Human Rights in Palestine

إهداء

هذا الكتاب لاطفال كامدن واطفال ابوديس
آملين بان يكون المستقبل افضل لهم ويحصلوا
على حقوقهم الكاملة.

Dedication

This book is for the children of Camden and Abu Dis; hoping for a better future and all human rights for all of them

Front cover photograph by Nora Hyseni,
South Camden Community School

عرفان Acknowledgements

With special thanks to the Youth Ambassadors for Human Rights 2009:

مع شكر خاص للسفراء الشباب من اجل حقوق الانسان 2009

Abdulrahman Lamara	عبدالرحمن لمارا
Adam Abu Helal	آدم ابوهلال
Akhran Girmay	اكران جرماي
Anna Drosdowski-Robertson	آنا درستوسكي روبنسون
Ballu Koroma	باللو كوروما
Chiara Cordone	كيارا كوردون
Enas Zaatra	ايناس زعاترة
Ibrahim Afana	ابراهيم عفانة
Maha Majed	مهى ماجد
Majd Iriqat	مجد عريقات
Mohammed Jaffal	محمد جفال
Nadia Aly	ناديا علي
Ruhel Ullah	روهال أولاه
Safiyyah Marhoon	صفية مرهون
Saja Oraiba	سجى عريبة
Tania Shew	تانيا شوو
Yazan Jaffal	يزن جفال
Zaina Qrei	زينة قريع
Zaynab Khanom	زينب خانوم

Dar Assadaqa Youth Committee, Abu Dis
Camden Abu Dis youth links group, London
Hampstead School
Maria Fidelis School
National Union of Teachers, Camden
St Aloysius Convent
Sisters United
Somers Town Community Centre
South Camden Community School
Southwell House Youth Project
Youth in Action (European Union)
and very many helpful individuals

اللجنة الشبابية في دار الصداقة، أبوديس
مجموعة الشباب في جمعية صداقة كامدن
ابوديس، لندن
مدرسة هامستيد
مدرسة ماريا فيداليس
الاتحاد الوطني العام للمعلمين
دير ست الويسويس
الاخوات المتحدات
سمرز تاون سينتر
مدرسة ساوث كامدن كوميونتي
ساوث ويل هاوس يوث بروجكت
يوث إن اكشن (الاتحاد الاوروبي)
والى كل الاشخاص الذين ساعدوا منفردين
لانجاح هذة الزيارة

Thank you too to the Barry Amiel and Norman Melburn Trust for your support for our human rights work: this helped with the background work on this book.

وكذلك نود ان نشكر باريي اميل ونورم ميلبون ترست على دعمهم لعملنا على صعيد حقوق الانسان فقد ساعد هذة في عملنا في هذا الكتاب

Education and Culture DG
'Youth in Action' Programme

Barry Amiel & Norman Melburn trust

The shape of this book remains the responsibility of the editors

محتويات الكتاب وكل ما جاء فيه هو مسؤولية المحررين.

الناشر جمعية صداقة كامدن ابوديس
في 20 تشرين ثاني 2009
يوم الطفل حسب الامم المتحدة وفي الذكرى
الخمسين للاعلان العالمي لحقوق الطفل

Published by
Camden Abu Dis Friendship Association (CADFA)
on 20th November 2009—
United Nations Children's Day and the 50th anniversary of the Declaration of the Rights of the Child

تصميم إيد فريدنبورج
مطبعة لايتنج سورس بريطانيا

Designed by Ed Fredenburgh
Printed in Britain by Lightning Source

ISBN 978-0-9556136-2-3
EAN 9780955613623

إلى همّام

دليل الشباب لحقوق الانسان في فلسطين

EDITED BY NANDITA DOWSON AND ABDUL WAHAB SABBAH

For Hammam

A Handbook for Young People on Human Rights in Palestine

		Introduction
تقديم	2	
مشروع شباب سفراء من اجل حقوق الإنسان: حقوق أطفال ابوديس: الهدف من هذا الكتاب	3	The Youth Ambassadors for Human Rights project: rights of the child; what this book is for
تقارير من السفراء الشباب: صوت من لندن	4 5	Youth Ambassadors' Reports: A Voice from London
تقارير من السفراء الشباب: أصوات من فلسطين	7 8	Youth Ambassadors' Reports: Voices from Palestine
أطفال فلسطين ما أدهشني في هذة الزيارة إلى لندن	10 11	The Palestinian young people: Something that surprised me on my visit to London
قبل ان تقرأ الكتاب		**Before you read this book**
نشاط: اسئلة عن حقوق الانسان	12 13	Activity: Questions about human rights
نشاط: اسئلة عن فلسطين	15 16	Activity: Questions about Palestine
حقوق الإنسان		**Human rights**
مقتطفات مما قاله السفراء الشباب في بداية المشروع	18 19	Comments from the young people
أهم المحطات لمبادىء حقوق الانسان	20 21	Some human rights milestones
مقتطفات من الاعلان العالمي لحقوق الانسان	22 23	Excerpts from the Universal Declaration of Human Rights
مقتطفات من معاهدة جنيف الرابعة	25 26	Excerpts from the Fourth Geneva Convention
مقتطفات من إعلان الامم المتحدة لحقوق الطفل	28 29	Excerpts from the United Nations Declaration of the Rights of the Child
التمييز العنصري في جنوب أفريقيا كمثال		**Apartheid South Africa as an example**
الحياة تحت نظام التمييز العنصري	30 31	Growing up under apartheid
من الوثيقة التي اعلنها أطفال جنوب أفريقيا	32 33	South African children's charter
نحو وثيقة لحقوق الطفل الفلسطيني		**A Palestinian children's charter**
الحق في الهوية	36 37	The right to an identity
الحق في مغادرة بلدك والعودة إليها	39 40	The right to leave your country and return to it
الحق في السلامة البدنية	43 44	The right to feel safe
الحق في العيش بحرية وعدم التعرض للاعتقال التعسفي + عدم التعرض للتعذيب	48 49	The rights to freedom from arbitrary arrest and freedom from torture
الحق في حرية الحركة والتنقل داخل بلدك	50 51	The right to move around your own country
للعائلة الحق في الحماية	56 57	The right for families to be protected

المحتويات Contents

الحق في الملبس والمسكن المناسب	58	
	59	The right to clothing and housing
الحق في الرعاية الصحية	64	
	65	The right to health care
الحق في التعلم	66	
	67	The right to education
الحق في اللعب	68	
	69	The right to play
الحق في عدم التعرض لاي شكل من اشكال التمييز	71	
	72	The right not to be discriminated against
فلسطين وحقوق الانسان		**Palestine and human rights**
خرائط	77	Maps
فلسطين نبذة تاريخية	81	
	82	Palestine: a simple background
فلسطين: اجابات عن الاسئلة 15	87	
	88	Palestine: answers to the questions on page 16
نشاط: لماذا هي قضية حقوق انسان؟	93	
	94	Activity: Why is it a human rights issue?
أوروبا وحقوق الإنسان		**Europe and human rights**
بريطانيا وحقوق الإنسان	97	
	98	Britain and human rights
الحديث عن اليهود وعن اسرائيل	100	
	101	Talking about Israel and Jews
اوروبا وحقوق الانسان	103	
	104	Europe and human rights
ماذا نستطيع أن نفعل؟		**What can we do?**
ماذا يمكن ان نفعل؟	108	
ماذا نريد منكم؟	109	
	110	What do we want?
	111	What can we do?
طرق العمل وفق مباديء حقوق الإنسان	112	
	113	Ways to work on human rights
ما كتب الاطفال الانجليز عن التمييز العنصري	115	
	116	Writing against discrimination by the British young people
عمل فني للشباب البريطانيون والفلسطينيون	118	
	119	Art work by the British and Palestinian young people
جزء من مسرحية أداها أطفال فلسطين خلال الزيارة	121	
	122	Part of a play by the Palestinian young people
رسالة إلى البرلمان الأوروبي أرسلها الشباب من بريطانيا	124	
	125	A letter to Members of the European Parliament
المعلومات اضافية	126	**Further information**
إضاءات على عمل جمعية صداقة كامدن أبوديس	128	
	129	Camden Abu Dis Friendship Association

مشروع السفراء الشباب من اجل حقوق الانسان

في حزيران 2009 نظمت جمعية صداقة كامدن ابوديس بمساعدت يوث إن اكسن التابعة لاتحاد الاوروبي مشروع لحقوق الانسان من خلال برنامج لتبادل الشباب بين ابوديس فلسطين وكامدن لندن. وقد حقق مشروع سفراء شباب من اجل حقوق الانسان انجازا عظيماً وكان هناك متعة وافادة كبيرة للطرفين. مجموعة من الشباب من كامدن وابوديس التقوا للعمل معاً والتعلم اكثر عن مجتمعاتهم بقضايا تخص التمييز العنصري وحقوق الانسان وللتفكير في افضل الطرق في ايصال اصواتهم وقضاياهم لشباب آخرين في كل العالم.

حقوق الطفل:
احدى اهم القضايا التي اردنا التأكد من عملها مع بدأ التحضير لهذا المشروع هي سياسة واضحة لحماية الاطفال خلال تواجدهم في لندن. كذلك ساعدنا شركائنا في دار الصداقة في ابوديس على ايجاد منظومة لحماية الاطفال. لكن وفي نهاية شهر كانون الاول 2008 قام الجيش الاسرائيلي باطلاق النار على ثلاثة صبية من ابوديس احدهم اصيب بقدمة والثاني بمعدته فيما اصيب (همام محسن) برأسه من مسافة قريبة. وقد استطاع اثنين منهم النجاة باعجوبة.

هذة الاحداث البشعة وضعت سياسة حماية الاطفال في مقدمة سلم الاولويات حيث انه مهما حدث في اي مؤسسة او اثناء اي زيارة لن يكون بهذا السوء وعليه فان الحماية الافضل لاطفال فلسطين هو بسحب الجنود الاسرائيليون من الشوارع.

وبينما كنا نعمل على مشروع التبادل هذا كانت قضايا حقوق الانسان الاكثر الحاح بين الشباب الفلسطيني والبريطاني هي العنف الذي يواجهه الشباب الفلسطيني تحت الاحتلال.

الهدف من هذا الكتاب
لقد التقى الشباب في هذا المشروع وعملوا معاً كسفراء شباب من اجل حقوق الانسان. وتم تجميع قصة الرحلة نفسها في فيلم تسجيلي. كذلك فقد جمعنا كل نتاج اوراق العمل والمعلومات والكتابات والتقارير التي تم تحضيرها خلال الزيارة ونامل ان تكون مفيدة لزيارات المستقبل.

هذا الكتيب جاء كنتاج للعمل الذي تم خلال الزيارة من اجل دفع مشروع السفراء الشباب للامام. لقد تم تجميع بعض المواضيع التي تم طرحها من قبل الشباب خلال الرحلة وكل المعلومات التي قد يحتاجها هؤلاء الشباب من خلال النقاشات التي دارت في المدارس والمؤسسات الشبابية التي زاروها.

الكتاب باللغتين العربية والانجليزية لانه موجه الى الشباب في فلسطين وبريطانيا. نأمل ان يكون هذا الكتاب مفيد جدا للذين يرغبون بمعرفة المزيد عن حقوق الانسان في فلسطين. وان يوفر لهم مصدرا للمعلومات التي يبحثون عنها. وان يمكن من طرح قضايا حقوق الانسان مع الشباب عموم

http://yhr09.blogspot.com

Introduction

Youth Ambassadors for Human Rights Project

In June 2009, Camden Abu Dis Friendship Association, London and Dar Assadaqa Community Centre, Abu Dis organised a human rights project as part of a youth exchange visit between Abu Dis, Palestine and Camden, London. The Youth Ambassadors for Human Rights project was a tremendous success and there was huge learning as well as a lot of enjoyment. Young people from Abu Dis and Camden met to work together and learn about each other's societies, issues of anti-discrimination and human rights, and to think about the best ways to tell other young people about these issues.

Rights of the Child

One of the things we needed to do to prepare for the visit was to think carefully about protection of the children during the time that they would be in London. We also worked together to help the Dar Assadaqa Community Centre to make a child protection policy. Then in late December 2008, three Abu Dis boys were shot in the street by Israeli soldiers. One was shot in the leg, one was shot in the stomach, and one (Hammam Mohsen) was shot at close range in the back of the head. Two of them were very lucky to survive.

These horrible incidents put the child protection work in focus. It made it clear that whatever might happen in a particular centre or on a particular journey, the biggest issue for the protection of Palestinian children is removal of the Israeli military from the streets.

And while we worked to make an equality of exchange between British and Palestinian children, and to ensure that both groups would tell each other about their societies and how they work, it was clear that the biggest human rights issue for all of them was the violation of the human rights of Palestinian children.

What this book is for

The young people who joined the project worked as youth ambassadors for human rights. The story of the visit itself is being gathered on film, and we are making a separate collection of the information, worksheets and writings from the visit, hoping that these will be useful for future visits.

This small book comes from the work of the visit and is intended to carry forwards the work of the Youth Ambassadors' project. It collects some of the work done by the young people during the project, incorporates ideas from the group and provides the information that both Palestinian and British young people needed to have by their side during discussions in schools and youth clubs in Camden.

The book is in English and Arabic because it is for young people in both places. We hope that it will be useful to young people wanting to know about human rights in Palestine, find places for further information, and to raise these human rights issues with other young people.

Project blog: http://yhr09.blogspot.com

تقارير من السفراء الشباب
- صوت من لندن

على اعتبار انني كنت عضوة في هذا المشروع قمت بزيارة العديد من المدارس في كامدن وتجولت في العديد من الاماكن السياحية في لندن مع ثماني اطفال من فلسطين وثماني طلاب من مدارس كامدن تم اختيارهم وتطوعوا للمشاركة في هذا المشروع. خلال التحضير للزيارة عقدت العديد من الاجتماعات والتي شاركت فيها حيث تم نقاش المعاهدات الدولية لحقوق الانسان على سبيل المثال اعلان الامم المتحدة لحقوق الانسان. كذلك شاهدنا افلام تم انتاجها من قبل اهالي ابوديس عن الجدار الفاصل وعن الاحتلال الأسرائيلي. وقمنا خلال الاجتماعات كذلك بإرسال مجموعة من الاسئلة للشباب في ابوديس عن حياتهم تحت الاحتلال وعن توقعاتهم عن الرحلة من خلال مدونه قمنا بانشائها سويا.

خلال ايام الرحلة تم تقسيمنا بحيث رافق كل سفير من بريطانيا سفيرا فلسطينيا. وهذا ليتسنى لنا الحديث مع طلاب المدارس التي زرناها وقد قمنا بتوزيع الادوار بيننا حيث قام اطفال فلسطين بشرح اوضاع حقوق الانسان في بلدهم فلسطين في حين تحدث الطلاب البريطانيين عن مواثيق حقوق الانسان وقد كان لافتا مدى اهتمام الطلاب والمعلمين في المدارس التي زرناها وشاهدنا مدى الدهشة لما سمعوا من قصص حول معاناة الفلسطينيين وقد كان جليا مدى تأثير هذة اللقاءات عليهم. كذلك فقد اتاح لنا هذا التقسيم ان نحتفظ بصداقات مع اطفال فلسطين وان نريهم لندن ونحدثهم عن اهم ما فيها.

اعتقد ان هذة الزيارة كانت تجربة ايجابية جدا لي ولكل من شارك فيها. فقد تعلمت كثيرا عن هذا الجزء الملتهب من العالم عن المعاناة التي يعيشها الشعب الفلسطيني. وقد كان لافتا مدى اصرار هؤلاء الاطفال في الحديث عن اوضاع فلسطين والحياة فيها. ولقد تأثرت كثيرا بالقصص الشخصية التي رواها الاطفال خلال زيارتهم.

مع كل المتعة التي عشتها من خلال زيارة المدارس والتجول في لندن فانني تعبت كثيرا في نهاية الاسبوع, ومع ذلك كانت تستحق كل التعب لانها استطاعت ان تسلط الضوء على قضية مهمة جدا. قبل هذة الزيارة كان العديد من الناس يجهلون ما يحدث في فلسطين ولا يعرفون اين فلسطين على خارطة العالم.

شيء اخر اود ان الفت اليه وهو القمصان التي تم تصميمها للمشروع والتي تضمنت افكار من ابوديس وافكار من اطفال كامدن. فقد اظهرت صورة ايجابية عن اتحاد هؤلاء السفراء.

من بالو كوروما.

yhr09.blogspot.com

Introduction

Youth Ambassadors' Reports: a voice from London

As a Camden-Abu Dis Youth Human Rights ambassador, I went on visits to schools in Camden and trips around London with the eight students from Palestine. Eight students from Camden schools were chosen or had volunteered to take part in the project, and we attended meetings prior to the visit in order to prepare for it. In these meetings we discussed human rights (the UN declaration for example), watched films made by Abu Dis residents on the subject of the Separation Wall and Israeli occupation, and wrote questions to the young people from Abu Dis about their lives and what they expected of the visit, on the project weblog.

During the actual visit, each Camden Youth Ambassador was paired with a Palestinian Youth Ambassador. This was so that when we gave talks at schools, the Palestinian student could explain the human rights situation in their country, and likewise for the British students. In the schools, teachers and pupils alike noticed the differences and most were very shocked, which mean that we made an especially strong impact. The other reason we each had a "buddy" from the visiting group was so that we could make friends with them and tell them about the sights and attractions that they saw in London.

I think this visit has been a very positive experience for myself and everyone involved. I have learned a lot about an incredibly troubled part of the world and how even though the Palestinian people are oppressed, they still remain defiant, and the young people want to tell about the situation in their homeland. The personal stories that they told to young people in the schools really moved them. As much as I enjoyed the visits to schools and trips to attractions, I did feel quite tired by the end of the week. However, it was worth it, because we brought some attention to the issue; before that, some people did not even know where Palestine was (it isn't actually on any world map!).

Something else I thought was very good was the tee-shirts and their design which combined an idea from one of the Abu Dis youth ambassadors and one of the Camden youth ambassadors, showing a positive message of unity.

Ballu Koroma

تقارير من السفراء الشباب -اصوات من فلسطين

أشياء استمتعت بها خلال الرحلة

لقد استمتعت كثيراً بهذة الزيارة . كان من الممتع زيارة اماكن جديدة والتعرف على اشخاص جدد والتعرف على الثقافة والطريقة التي يعيشون بها. لقد استمتعت بزيارة المدارس وعرض القضية الفلسطينية والتحدث عنها والتحدث عن قصصنا الشخصية التي نمر بها.
كانت زيارة الاماكن السياحية والمشهورة ممتعة.
احب القيام بالمزيد من الانشطة مع جمعية الصداقة. حاليا لا يوجد لدي افكار عن كيفية القيام بهذة الانشطة.
الطعام هنا لم يكون جيد لم استمتع به كثيراً
محمد جفال

تقييم الرحلة

- طريقة عرض وشرح القضية
- قمنا بعرض القضية على شكل قصص وروايات.
- شرح كيفية بدأ القضية الفلسطينية وما وصلت اليه حتى الان.
- التعبير عن الهوية الفلسطينية عن طريق الدبكة الشعبية.
- تمثيل الحياة اليومية التي يعيشها الفلسطينيون عن طريق التمثيل المسرحي مثل مسرحية الحاجز ومسرحية عائد الى حيفا.
- المقارنة في معاملة العالم لليهود والوقوف الى جانبهم وكيف يتعامل العالم مع القضية الفلسطينية.
- عرض حقوق الانسان التي يحرم منها الشعب الفلسطيني مثل الحرمان من حرية التنقل وهو من اهم الحقوق للانسان.
- اشياء تعلمتها من الرحلة:
- اصبحت للغة الانجليزية اقوى لدي مما كانت عليه.
- انه يوجد يهود في العالم يرفضون الاحتلال الاسرائيلي لفلسطين ويرفضون الفكر الصهيوني.
- لا يزال هنا في بريطانيا اناس تعمل من اجل القضية الفلسطينية.
- تعلمت انه في وضعنا الحالي حيث تقف كل قوى العالم مع اسرائيل لا يمكن هزيمتها بالسلاح في حالت الضعف العسكري والسلاح الوحيد المتوفر هو توصيل القضية الفلسطينية الى العالم.

٣. الاعمار والفئات التي وصلنا لها القصص. كانت المدارس الثانوية حيث اوصلنا قصصنا لطلابها.

ابراهيم عفانه

زيارتنا

زيارتنا كانت جميلة جداً واستمتعنا باشياء كثيرة كما استفدنا من اشياء وعرفنا اشياء لم نكن نتوقع ان نعرفها او ان نراها من قبل مثل لندن ايي وبيغ بين. وذهبنا ايضا الى البحر وتزلجنا على الجليد. لقد كان افضل شيء في هذة الزيارة هو اننا تعرفنا على اصدقاء جدد من كامدن والتحدث عن القضية الفلسطينية.

زرنا مدارس كثيرة وادهشتنا طريقة الدراسة وعاداتهم في التعليم وتحدثنا عن قصص تحكي وتخبر عن قضيتنا. ودخلنا صفوف من مراحل متعددة وقام الطلاب بسؤالنا كما قمنا بسؤالهم عن حياتهم. تاثروا كثيرا فمنهم من بكى على قصصنا ومنهم من سرح يفكر في عالمنا.
كل شيء في لندن مختف من كل النواحي الجياة وطريقة التعليم والعادات والتقاليد. والحقوق التي يمتلكونها ولا نمتلكها. الحرية لديهم.
نتمنى ان يعرف العالم ويتأثر كما حدث هنا في لندن. ونتمى ايضا ان يعرف اكثر عن قضيتنا وان تحل.

سجى وزينة.

Introduction

Youth Ambassadors' Reports: voices from Palestine

Things I enjoyed

I enjoyed this visit. It was lovely to visit new places and meet new people, to know about their culture and the way that they live. I was happy to visit the schools and to talk about the Palestinian issue, and to give my own personal stories and tell about the things that we pass through under occupation.

The best part of it was visiting the famous tourist places…. But the food here was not good: I did not enjoy it.

Mohammed Jaffal

The way that we showed and explained about the issues:
- We explained the Palestinian issue through our personal stories
- We had a chance to talk about the history of the Palestinian issue and how things are nowadays
- We expressed our Palestinian identity through performing traditional dabkeh (dance)
- We gave an example of the way that Palestinians live in Palestine through drama (the checkpoint play and Aid ila Haifa)
- We compared the way that the world deals with Jewish people and stands by them and supports them and the way that the world deals with Palestinian issues
- We managed to show the human rights that the Palestinian people do not have, like the right of movement, which is one of the basic human rights

Things I learned from this trip:
- My English language got better than before
- I realised that there are Jewish people around the world who refuse the Israeli occupation and the Zionist mentality
- I learned that there are still honest people in Britain working hard for the Palestinian issue
- I learned that at the time being, while all the powers around the world are standing by and supporting Israel, we can't defeat Israel by armed struggle, as we all know we are weak on the military side, and the only thing that we can do is to change the image that the world has of the Palestinian people by sending our voice to the outside world.

Ibrahim Afaneh

Our visit

Our visit was very beautiful and we enjoyed many things: also there were many useful things and we learned a lot from it—things that we did not expect to learn, or to see London-Eye and Big Ben, the sea, ice-skating. Skating was the best thing on this visit, and also meeting new friends from Camden and talking to them about our national case….

We managed to visit many schools and we were astonished by the way that schools work in Britain. We talked to students about our stories which tell about the life under occupation. We entered many classrooms from different school years. The students in these classrooms asked us questions, and we also asked them questions about their lives. We noticed that they were affected by this as some of them started to cry and others wanted to know about our work.

Everything in London was different—the way that people live, education, the habits and traditions and the rights that people have here and we don't have—the freedom here. We hope that the whole world can see and be affected by our issue and understand it and search for solutions.

Saja and Zaina

أطفال فلسطين ما أدهشني في هذة الزيارة إلى لندن

« هناك عدد كبير جداً من الناس في لندن»

« لندن مدينة كبيرة»

« كل البيوت متشابهة»

« مقود السيارة على الجهة اليمين وهم يقودون سياراتهم على اليسار»

« لندن مدينة مكتظة بالسكان»

« العديد من المباني القديمة»

« كبر حجم حديقة همستد هيث»

«هناك العديد من اليهود في العالم يرفضون الاحتلال»

« هناك العديد من الناس الشرفاء في العالم يعملون من اجل فلسطين»

Introduction

The Palestinian children: Something that surprised me on my visit to London

"There are so many different people in London"

"London is so big"

"All the houses are like each other"

"The car driving wheels are on the right and they drive on the left"

"It's very crowded"

"Many old buildings"

"The size of Hampstead Heath"

"There are Jewish people who refuse the Occupation"

"There are good people all over the world working for Palestinian human rights"

12 قبل ان تقرأ الكتاب

نشاط: اسئلة عن حقوق الانسان

1 ما الذي تفهمه من حقوق الإنسان؟

2 متى تم اعتماد مبادئ حقوق الإنسان؟

3 هل تستطيع ان تذكر احد هذة الحقوق؟

4 هل لديك أي معلومات عن حقوق الطفل؟

5 هل لديك اي معلومات عن حقوق الطفل؟

6 من أين أتت؟

7 هل يتمتع الناس في بريطانيا بكافة حقوقهم؟

8 هل يتمتع الناس في فلسطين بكافة حقوقهم؟

9 كيف يمكن أن يعمل الناس على إحقاق حقوق الإنسان؟9

نتمنى ان تجد اجابات عن هذة الاسئلة في متن الكتاب.

Before you read this book

Activity: questions about human rights

1 What do you understand by HUMAN RIGHTS?

2 When did they become known as human rights?

3 Why did they become human rights?

4 Can you name any human rights?

5 Do you know anything about CHILDREN'S RIGHTS?

6 Who do they apply to?

7 Do people in Britain have all their human rights?

8 Do people in Palestine have all their human rights?

9 How can people work to promote human rights?

We hope you can find some answers to these questions in this book.

السؤال	نعم	لا	ملاحظات
14 في العام 2002 بدات اسرائيل ببناء جدار فاصل بين اسرائيل وفلسطين			
15 الجدار بني من اجل ضم المزيد من الاراضي ومصادر المياه الى اسرائيل			
16 لقد رأت محكمة العدل الدولية في العام 2004 ان بناء جدار الفصل ضد حقوق الانسان الفلسطيني.			
17 الجدار هو من اجل اسباب امنية			
18 الجدار يشكل عائقاً كبيراً امام الناس في ابوديس فهو يقطعهم عن القدس والتي كانت تشكل عصب الحياة لهم وعليه فقد ادى بنائه الى فقدان العديد لوظائفهم واصدقائهم وعائلاتهم وحتى الوصول الى المستشفيات في القدس			
19 للعائلات الفلسطينية الحق في رؤية بعضهم والعيش مع بعضهم			
20 أكثر من نصف اراضي الضفة الغربية تمت مصادرتها من قبل اسرائيل لصالح الجدار والاستيطان			
21 للفلسطينون الحق في التنقل اينما شاءوا في بلدهم كما نتنقل نحن في بريطانيا			
22 في الضفة الغربية يتمتع الفلسطينيون والاسرائيليون بنفس الحقوق			
23 هناك قوانين خاصة واجراءات وحواجز عسكرية تتحكم بتحركات الفلسطينيين في بلدهم			
24 يعاني الشباب وتحديداً من هم تحت السن القانوني من مشاكل مع الجنود الإسرائيليون والعديد منهم يزجون في السجون			
25 يستطيع الفلسطينيون التوجه الى المحاكم الاسرائيلية عند تعرضهم للعنف على ايدي الجنود الاسرائيليون والمستوطنين			
26 يوجد للفلسطينيون دولتهم			

قبل ان تقرأ الكتاب

نشاط: أسئلة عن فلسطين

الاجابات في صفحة 85

1. على خارطة الشرق الأوسط حاول إيجاد بلدة ابوديس. في أي دولة تقع؟

2. تحت اية ادارة كانت ابوديس قبل مئة عام، سبعون عام، خمسون عام، وفي الوقت الحاضر؟

3. اجب بنعم او لا مع ابداء ملاحظاتك:

السؤال		نعم	لا	ملاحظات
1	تم الاتفاق على الاعلان العالمي لحقوق الانسان واقراره في العام 1967			
2	أبوديس بجانب القدس			
3	تم انشاء اسرائيل عام 1948 على اراضي فلسطين			
4	فلسطين ليست دولة حقيقية			
5	يشكل اللاجئين الفلسطينيين اكبر عدد لاجئين في العالم			
6	حسب القانون الدولي فعلى اللاجئين الفلسطينيين أن يتوطنوا في البلدان التي لجئوا إليها			
7	كل سكان ابوديس هم لاجئين			
8	العديد من أهالي أبوديس لاجئين منذ العام 1967			
9	احد المبادئ الاساسية لحقوق الانسان يعطي الحق للاجئين بالعودة الى ديارهم			
10	تبني اسرائيل مستوطنات (بلدات) على اراضي الفلسطينيين منذ العام 1967			
11	للجميع الحق في العيش في المستوطنات			
12	المستوطنات هي فقط للاسرائيليون ولا يحق للفلسطينيين الذهاب إليها			
13	لاسرائيل الحق في بناء الجدار الفاصل بالشكل الذي تم بناءه			

Before you read this book

Activity: Questions about Palestine

Answers on page 88

1 On a map of the Middle East, work out where Abu Dis is. Which country is it in?

2 Who was in charge (who ruled) there a hundred years ago, seventy years ago, fifty years ago and now (2009)?

3 Tick true or false or write a comment against each of these:

	QUESTION	TRUE	FALSE	COMMENT
1	The Universal Declaration of Human Rights was signed in 1967			
2	Abu Dis is next to Jerusalem			
3	Israel was set up in 1948 on land that used to be Palestine			
4	Palestine is not a real country			
5	Palestinians make up the biggest refugee group in the world			
6	International law says that Palestinian refugees should settle where they are living now			
7	People in Abu Dis are all refugees			
8	Lots of Abu Dis people are refugees from 1967			
9	It is a human right for refugees to be allowed to return home			
10	Israel has been building settlements (towns) on Palestinian land ever since 1967			
11	Anyone can live in a settlement.			
12	Settlements are only for Israelis to live in and Palestinians are not allowed to go there			
13	It is OK under international law for Israel to build settlements on the West Bank			

QUESTION	TRUE	FALSE	COMMENT
14 In 2002, Israel started to build a Wall on the border between Israel and Palestine			
15 The Wall is to annexe more land and water for Israel			
16 The International Court said that the Wall violates Palestinian human rights			
17 The Wall is for the security of Israel			
18 The Wall makes life very difficult for people in Abu Dis: it cuts them away from Jerusalem and from jobs, hospitals and other services			
19 Palestinian families are free to live together and to see each other			
20 More than half the land in the West Bank has been taken away by Israel for settlements or the Wall			
21 Palestinians are free to go wherever they like in their own country in the way that we are in Britain			
22 Palestinians and Israelis live together with equal rights in the West Bank and Gaza			
23 There is a pass system and big checkpoints which stop Palestinian people from moving around			
24 Young Palestinians (specially boys) have a lot of problems with the Israeli army – Many are put in prison			
25 If Palestinians suffer from Israeli violence (from the army or from settlers), they can go to court			
26 The Palestinians have a government in the same way that we do			

18 حقوق الإنسان

مقتطفات مما قاله السفراء الشباب في بداية المشروع

الأفكار الأولية لأطفال كامدن

ما هي حقوق الإنسان؟

حقوق للناس من المفترض أنها عالمية وللجميع ولكن الواقع ليس كذلك.

لماذا هي مهمة؟

لو لم يكن هناك حقوق للبشر فأي شيء قد يحدث. ولا يستطيع احد الاعتراض على أي مكروه قد يحصل له هذا يجعل حياة البشر في خطر دائم.

افكار من اطفال ابوديس

سيكون مجتمعاً رائعاً لو وفرت كل احتياجات الاطفال. لكن في فلسطين هناك عنف اسرائيلي ضد الشعب الفلسطيني. على سبيل المثال منذ ان بنت اسرائيل الجدار اصبح من الصعب علينا الحصول على الخدمات الصحية. وهذة من ابجديات حقوق الانسان والتي لا يحصل عليها اطفالنا.

لدي الحق في الذهاب الى القدس وان اعيش مع عائلتي مع امي وابي لكن الوضع في فلسطين: الجيش الاسرائيلي لا يسمح لنا الذهاب الى القدس لانهم اعطونا بطاقات هوية مختلفة خضراء وزرقاء.

لدي الحق في العدالة. انت لا تشعر بالعدالة في فلسطين بسبب الاسرائيليين لانهم اخذوا ارضنا وبلادنا
وقسمونا بشكل غير منصف عن طريق اعطاء بعضنا هوية خضراء والبعض الاخر هوية زرقاء.

Human rights

Comments from the young people at the beginning of the project

First thoughts from the Camden kids...

What are human rights?

Rights for humans—they are supposed to be universal, but they aren't.

Why are they important?

If there are no human rights, then anything could happen, no one would have any say in what happens to them, they wouldn't be safe.

Thoughts from the Abu Dis kids...

It would be a brilliant society if all children's needs were met, but in Palestine there is Israeli violation against all the Palestinian people. For example, since Israel built the wall, it is very hard to have suitable health services—this is one of the basic rights for children which our children do not have.

I have the right to go to Jerusalem and live with my family, my mum and my dad, but the situation in Jerusalem is: the Israeli army does not allow us to go to Jerusalem because they give green IDs and blue IDs.

I have the right to justice. You don't feel justice in Palestine because Jewish people took our lands and our country and they divide us in unequal ways by giving some people blue IDs and some people green IDs.

حقوق الإنسان

أهم المحطات لمبادئ حقوق الإنسان

معالم
بعض اهم القوانين الانسانية موجوده في:
الاعلان العالمي لحقوق الانسان 1948
معاهدات جنيف 1949
الاعلان العالمي لحقوق الطفل 1959

اسباب
تقر دباجة الاعلان العالمي لحقوق الانسان
«... تجاهل حقوق الإنسان وازدراؤها قد أفضيا إلى أعمال أثارت بربريتها الضمير الإنساني»

بعد الاحداث الرهيبة التي تعرض لها المدنيون خلال الحربين العالميتين في القرن العشرين تم بذل جهد كبير ووضع قوانين دوليه للعمل على تجنيب المدنيين ويلات الحروب وللتأكيد على ان يتم احترام كرامت الانسان في المستقبل

ضد التمييز
وضحت جميع هذة الوثائق ان الحقوق المكتسبة فيها هي
« للجميع......بدون أي تفرقه من مثل اللون او الجنس او اللغة او الدين او الرأي السياسي او الجنسية او المعتقد او بلد الولادة ....»
الاعلان العالمي لحقوق الانسان

Human rights

Some human rights milestones

Milestones
Some of the most important rules can be found in:
Universal Declaration of Human Rights 1948 (UDHR)
Geneva Conventions 1949 (GC)
Declaration of the Rights of the Child 1959 (DRC)

Reasons
As the preamble of the Universal Declaration of Human Rights says,
"… disregard and contempt for human rights have resulted in barbarous acts which have outraged the conscience of mankind…"

After the terrible ways that civilians were treated during the world wars in the twentieth century, a lot of work was done to make international laws to ensure that people would be treated decently in the future.

Against discrimination
It is clearly stated in all of these documents that these rights are intended for
"Everyone…. without distinction of any kind, such as race, colour, sex, language, religion, political or other opinion, national or social origin, property, birth or other status…" (UDHR)

مقتطفات من الاعلان العالمي لحقوق الانسان 1948

يتضمن هذا الاعلان:

- لكل فرد حق في الحياة والحرية وفي الأمان على شخصه. المادة 3
- لا يجوز إخضاع أحد للتعذيب ولا للمعاملة أو العقوبة القاسية أو اللاإنسانية أو الحاطة بالكرامة. المادة 5
- الناس جميعا سواء أمام القانون. وهم يتساوون في حق التمتع بحماية القانون دونما تمييز. كما يتساوون في حق التمتع بالحماية من أي تمييز ينتهك هذا الإعلان ومن أي تحريض على مثل هذا التمييز. المادة 7
- لا يجوز اعتقال أي إنسان أو حجزه أو نفيه تعسفا. المادة 9
- لا يجوز تعريض أحد لتدخل تعسفي في حياته الخاصة أو في شؤون أسرته أو مسكنه أو مراسلاته. ولا لحملات تمس شرفه وسمعته. ولكل شخص حق في أن يحميه القانون من مثل ذلك التدخل أو تلك الحملات. المادة 12
- لكل فرد حق في حرية التنقل وفي اختيار محل إقامته داخل حدود الدولة. المادة 1-13
- لكل فرد حق في مغادرة في بلد، بما في ذلك بلده، وفي العودة إلى بلده. المادة 2-13
- الأسرة هي الخلية الطبيعية والأساسية في المجتمع، ولها حق التمتع بحماية المجتمع والدولة. الماد 3–16
- لكل شخص الحق في مستوى من المعيشة كاف للمحافظة على الصحة والرفاهية له ولأسرته، ويتضمن ذلك التغذية والملبس والمسكن والعناية الطبية.
  البند الاول من المادة 25 للاعلان العالمي لحقوق الانسان.
- للأمومة والطفولة حق في رعاية ومساعدة خاصتين. المادة 2-25
- لا يجوز تجريد أحد من ملكه تعسفا. المادة 17-2
- لكل شخص حق المشاركة في إدارة الشؤون العامة لبلده، إما مباشرة وآما بواسطة ممثلين يختارون في حرية. المادة 3-21
- لكل شخص حق في التعليم المادة 1-26

Excerpts from the Universal Declaration of Human Rights, 1948

Human rights include the following:

- Everyone has the right to life, liberty and security of person (Article 3)
- No one shall be subjected to torture or to cruel, inhuman or degrading treatment or punishment (Article 5)
- All are equal before the law and are entitled without any discrimination to equal protection of the law (Article 7)
- No one shall be subjected to arbitrary arrest, detention or exile (Article 9)
- No one shall be subjected to arbitrary interference with his privacy, family, home or correspondence, nor to attacks upon his honour and reputation (Article 12)
- Everyone has the right to freedom of movement and residence within the borders of each State (Article 13-1)
- Everyone has the right to leave any country, including his own, and to return to his country (Article 13-2)
- The family is the natural and fundamental group unit of society and is entitled to protection by society and the State (Article 16–3)
- Everyone has the right to a standard of living adequate for the health and well-being of himself and of his family, including food, clothing, housing. (UDHR—article 25-1)
- Motherhood and childhood are entitled to special care and assistance. All children, whether born in or out of wedlock, shall enjoy the same social protection (Article 25–2)
- No one shall be arbitrarily deprived of his property (Article 17-2)
- Everyone has the right to take part in the government of his country, directly or through freely chosen representatives... The will of the people shall be the basis of the authority of government (Article 21–1,3)
- Everyone has the right to education (Article 26-1)

مقتطفات من معاهدات جنيف الرابعة

12 آب 1949
تشكل اتفاقيات جنيف القاعدة الأساسية للقانون الدولي الإنساني، وتهدف هذه المعاهدات الى حماية المدنيين في زمن الحرب والناس الذين يعيشون تحت الاحتلال.

بعض النقاط الرئيسية:

- الأشخاص الذين لا يشتركون مباشرة في الأعمال العدائية......... يعاملون في جميع الأحوال معاملة إنسانية، دون أي تمييز ضار يقوم على العنصر أو اللون، أو الدين أو المعتقد، أو الجنس، أو المولد أو الثروة، أو أي معيار مماثل آخر. ولهذا الغرض، تحظر الأفعال التالية فيما يتعلق بالأشخاص المذكورين أعلاه وتبقى محظورة في جميع الأوقات والأماكن:المادة 3.
- (أ) الاعتداء على الحياة والسلامة البدنية، وبخاصة القتل بجميع أشكاله، والمعاملة القاسية، والتعذيب. (ج) الاعتداء على الكرامة الشخصية، وعلى الأخص المعاملة المهينة والحاطة بالكرامة.
  يكون الجرحى المرضى وكذلك العجزة والحوامل موضع حماية واحترام خاصين. المادة 16
- لا يجوز بأي حال الهجوم على المستشفيات المدنية . المادة 18
- على كل طرف من الأطراف السامية المتعاقدة أن يكفل حرية مرور جميع رسالات الأدوية والمهمات الطبية المادة 23
- لا يجوز معاقبة أي شخص محمي عن مخالفة لم يقترفها هو شخصيا. تحظر العقوبات الجماعية وبالمثل جميع تدابير التهديد أو الإرهاب.السلب محظور. تحظر تدابير الاقتصاص من الأشخاص المحميين وممتلكاتهم. المادة 33
- يحظر النقل الجبري الجماعي أو الفردي للأشخاص المحميين أو نفيهم من الأراضي المحتلة الى أراضي دولة الاحتلال أو إلى أراضي أي دولة أخرى، محتلة أو غير محتلة. المادة 49
- لا يجوز أن يترتب على عمليات الإخلاء نزوح الأشخاص المحميين إلا في إطار حدود الأراضي المحتلة، ما لم يتعذر ذلك من الناحية المادية. ويجب إعادة السكان المنقولين على هذا النحو إلى مواطنهم بمجرد توقف الأعمال العدائية في هذا القطاع. المادة 49
- تكفل دولة الاحتلال، حسن تشغيل المنشآت المخصصة لرعاية الأطفال وتعليمهم المادة 50
- يحظر على دولة الاحتلال أن تدمر أي ممتلكات خاصة . المادة 53

مسؤوليات المجتمع الدولي

العديد من الاطراف الموقعة على اتفاقيات جنيف هم اعضاء في الاتحاد الاوروبي ومن ضمنهم بريطانيا. حسب الاتفاقية فإن على الاطراف الموقعة ان تتعامل مع أي طرف يخرق الاتفاقية بحزم.

- يلتزم كل الاطرف السامية المتعاقد بملاحقة المتهمين باقتراف المخالفات الجسيمة أو بالأمر باقترافها، وبتقديمهم الى محاكمة. المادة 146
- المخالفات الجسيمة التي تشير إليها المادة السابقة هي التي تتضمن أحد الأفعال التالية إذا اقترفت ضد أشخاص محميين أو ممتلكات محمية بالاتفاقية: القتل العمد، والتعذيب أو المعاملة اللاإنسانية، بما في ذلك التجارب الخاصة بعلم الحياة، وتعمد إحداث آلام شديدة أو الإضرار الخطير بالسلامة البدنية أو الصحة، والنفي أو النقل غير المشروع، والحجز غير المشروع، وإكراه الشخص المحمي على الخدمة في القوات المسلحة بالدولة المعادية، أو حرمانه من حقه في أن يحاكم بصورة قانونية وغير متحيزة وفقا للتعليمات الواردة في هذه الاتفاقية، وأخذ الرهائن، وتدمير واغتصاب الممتلكات على نحو لا تبرره ضرورات حربية وعلى نطاق كبير بطريقة غير مشروعة وتعسفية. المادة 147

Human rights

Excerpts from the Fourth Geneva Convention

12th August 1949
The Geneva Conventions are the basis of International Humanitarian Law. They aim to protect civilians in wartime and people who are living in occupied territory.

Some main points:
- Persons taking no active part in the hostilities ... shall in all circumstances be treated humanely, without any adverse distinction founded on race, colour, religion or faith, sex, birth or wealth, or any other similar criteria (article 3)
- ...the following acts are prohibited:
  (a) violence to life and person, in particular murder ... cruel treatment and torture;
  (c) ... humiliating and degrading treatment; (article 3)
- The wounded and sick, as well as the infirm, and expectant mothers, shall be the object of particular protection and respect (article 16)
- Civilian hospitals may in no circumstances be the object of attack (article 18)
- the free passage of all consignments of medical and hospital stores [must be allowed] (article 23)
- No protected person may be punished for an offence he or she has not personally committed. Collective penalties ...are prohibited ....Pillage is prohibited...Reprisals against protected persons and their property are prohibited. (article 33)
- Individual or mass forcible transfers, as well as deportations of protected persons from occupied territory to the territory of the Occupying Power or to that of any other country ... are prohibited (article 49)
- The Occupying Power shall not deport or transfer parts of its own civilian population into the territory it occupies. (article 49)
- The Occupying Power shall .. facilitate the proper working of all institutions devoted to the care and education of children. (article 50)
- Any destruction by the Occupying Power of ... property ... is prohibited... (article 53)

Responsibilities of the international community
Many of the "High Contracting Parties" who signed the Geneva Convention are part of the European Union. One of them is Britain. Under the Convention, the High Contracting Parties must take action if there are "grave breaches" of the Convention:

- Each High Contracting Party shall be under the obligation to search for persons alleged to have committed, or to have ordered to be committed ... grave breaches, and shall bring such persons ... before its own courts (article 146)
- Grave breaches ..[are defined as the following carried out against civilians in wartime or living under military occupation]: wilful killing, torture or inhuman treatment, including biological experiments, wilfully causing great suffering or serious injury to body or health, unlawful deportation or transfer or unlawful confinement of a protected person, compelling a protected person to serve in the forces of a hostile Power, or wilfully depriving a protected person of the rights of fair and regular trial prescribed in the present Convention, taking of hostages and extensive destruction and appropriation of property, not justified by military necessity and carried out unlawfully and wantonly (article 147).

مقتطفات من إعلان الامم ألمتحدة لحقوق الطفل 20 تشرين ثاني 1959

المبدأ الأول
يجب أن يتمتع الطفل بجميع الحقوق المقررة في هذا الإعلان. ولكل طفل بلا استثناء أن يتمتع بهذه الحقوق دون أي تفريق أو تمييز بسبب العرق أو اللون أو الجنس .

المبدأ الثاني
يجب أن يتمتع الطفل بحماية خاصة وأن يمنح، بالتشريع وغيره من الوسائل، الفرص والتسهيلات اللازمة لإتاحة نموه الجسمي والعقلي والخلقي والروحي والاجتماعي نموا طبيعيا سليما في جو من الحرية والكرامة.

المبدأ الثالث
للطفل منذ مولده حق في أن يكون له اسم وجنسية.

المبدأ الرابع
يجب أن يتمتع الطفل بفوائد الضمان الاجتماعي وأن يكون مؤهلا للنمو الصحي السليم. وعلي هذه الغاية، يجب أن يحاط هو وأمه بالعناية والحماية الخاصتين اللازمتين قبل الوضع وبعده. وللطفل حق في قدر كاف من الغذاء والمأوي واللهو والخدمات الطبية.

المبدأ الخامس
يجب أن يحاط الطفل المعوق جسميا أو عقليا أو اجتماعيا بالمعالجة والتربية والعناية الخاصة التي تقتضيها حالته

المبدأ السادس
يحتاج الطفل لكي ينعم بشخصية منسجمة النمو مكتملة التفتح، إلي الحب والتفهم. ولذلك يراعي أن تتم تنشئته إلي أبعد مدي ممكن، برعاية والديه وفي ظل مسؤوليتهما.

المبدأ السابع
للطفل حق في تلقي التعليم، الذي يجب أن يكون مجانيا وإلزاميا، في مراحله الابتدائية علي الأقل ....
ويجب أن تتاح للطفل فرصة كاملة للعب واللهو.

المبدأ الثامن
يجب أن يكون الطفل، في جميع الظروف، بين أوائل المتمتعين بالحماية والإغاثة.

المبدأ التاسع
يجب أن يتمتع الطفل بالحماية من جمع صور الإهمال والقسوة والاستغلال. ويحظر الاتجار به
علي أية صورة.

المبدأ العاشر
يجب أن يحاط الطفل بالحماية من جميع الممارسات التي قد تدفع إلي التمييز العنصري أو الديني أو أي شكل آخر من أشكال التمييز.

Human rights

Excerpts from the United Nations Declaration of the Rights of the Child
20 November 1959

Principle 1
Every child, shall be entitled to these rights, without distinction or discrimination on account of race, colour, sex, language, religion, political or other opinion, national or social origin, property, birth or other status…

Principle 2
The child shall enjoy special protection, and shall be given opportunities and facilities … to enable him to develop physically, mentally, morally, spiritually and socially in a healthy and normal manner and in conditions of freedom and dignity.

Principle 3
The child shall be entitled from his birth to a name and a nationality.

Principle 4
The child shall enjoy the benefits of social security. He shall be entitled to grow and develop in health … The child shall have the right to adequate nutrition, housing, recreation and medical services.

Principle 5
The child who is physically, mentally or socially handicapped shall be given the special treatment, education and care required by his particular condition.

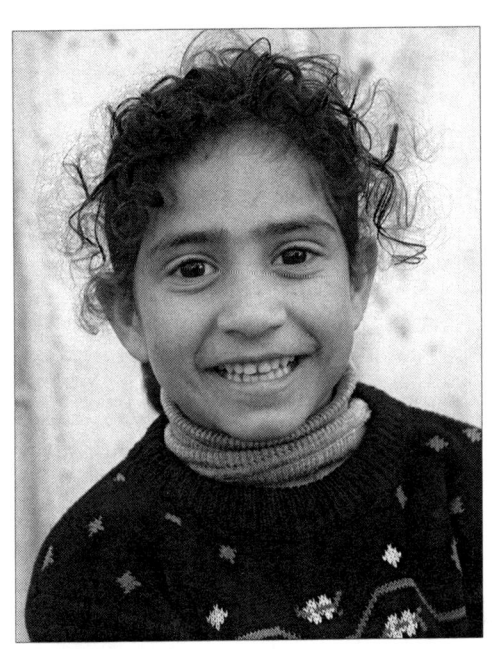

Principle 6
The child, for the full and harmonious development of his personality, needs love and understanding. He shall, wherever possible, grow up in the care and under the responsibility of his parents….

Principle 7
The child is entitled to receive education, which shall be free and compulsory, at least in the elementary stages…
The child shall have full opportunity for play and recreation…

Principle 8
The child shall in all circumstances be among the first to receive protection and relief.

Principle 9
The child shall be protected against all forms of neglect, cruelty and exploitation.

Principle 10
The child shall be protected from practices which may foster racial, religious and any other form of discrimination….

التمييز العنصري في جنوب افريقيا

الحياة تحت نظام التمييز العنصري

(من ورشة عمل نظمت خلال الزيارة باشراف شرين بانديت)

عندما كنت في نفس عمركم (16-13) عام اكثر الحقوق التي كنت افتقدها هو حقي بان لا اكون ضحية للتمييز العنصري. لقد نشأ في جنوب افريقيا ايام حكم التمييز العنصري هذا يعني ان التمييز العنصري كان قانوني. حيث كان الناس مقسمين الى اربع فئات بناء على الوانهم وانتمائاتهم العرقيه. كانت الافضلية للبيض اما الفئة الثانية كانت للهنود والثالثة للاعراق والالوان الاخرى وكان الون الاسود هو الاخير. وقد كانت هناك قوانين تحكم تصرفات وحياة كل فئة. حيثٍ كان اللون الابيض هو المتحكم والاكثر حصولاً على الحقوق. وعلى اساس هذا التقسيم فان الفرد يحصل على حقوق اكثر حسب الفئة التي ينتمي اليها.

احتفظ البيض بافضل الوظائف والمدارس والمستشفيات والمسارح ودور السينما والشواطيء والملاعب الرياضية. اما بالنسبة للسود فبمجرد ان تنتهي من المدرسة عليك ان تتذكر ان هناك العديد من الوظائف التي لا يمكنك الحصول عليها لانها كانت محجوزه للبيض.

عندما يصل طفل اسود سن السادسة عشر عليه ان يسجل في مكاتب العمل حتى يتسنى لهم ارسالك الى اي مكان في البلد للعمل دون مراعاة مكان سكنك وعائلتك في المصانع والمناجم والمزارع حسب ما تقرر الحكومة. كان صعب جدا البقاء في المدرسة ولم يتسنى للكثيرون من السود الالتحاق بالجامعات.

الاطفال السود وعند وصولهم الى سن السادسة عشر عليهم الحصول على بطاقة هوية مختلفة عن الاخرين. يحدد فيها الاماكن التي بامكانهم الذهاب اليها واذا لم يكونوا مولودين في نفس البلدة او المدينة فلا يحق لهم البقاء فيها اكثر من 72 ساعة فقط حيث سيتعرضون للاعتقال اذا تجاوزوا هذة المدة.

لم يكن بالامكان التجول من مدينة الى اخرى وكان على الجميع حمل بطاقة الهوية معهم وان لم يفعلوا فيتعرضوا للاعتقال.

كان التعليم مفصول فقد كان السود فقراء ومدارسهم كذلك فقيرة. في كثير من الاحيان لم يكن هناك مباني حيث كانت التعليمية تتم في الخارج. لم تكون الكتب متوفرة والمتور منها كان قديم مهترء بعد استخدامة من قبل البيض. في المقابل فقد حصل الطلاب البيض على مباني فخمة لمدارسهم حيث كانت تحوي كل وسائل الراحة بما فيها برك السباحة وملاعب تنس. كان هناك صفوف اوسع ومعلمين اكثر وكان عدد قليل في كل صف دراسي. لم يتسنى للعديد من الطلاب السود اللالتحاق بالجامعات لعدم وجود الامكانات المادية ولم يتسنى للسود اللتحاق بجامعات البيض الا بعد الحصول على تصاريح خاصة ولم يكن ممكن دائما الحصول عليها. اما عن جامعات البيض فقد كانت متطورة جداً بحيث ان جامعات بريطانيا في الوقت الحاضر لم تضاهي جامعات البيض في جنوب افريقيا.

كان الناس مقسمون في مناطق سكنية مختلفة بناء على القانون العنصري» فللبيض احيائهم» «احياء هندية»»واحياء للعرقيات الاخرى» «وللسود احيائهم» التي لا يحق لهم مغادرتها او التواجد في احياء البيض. انا اعتقد من في هذةٍ الغرفة لم يكون باستطاعتهم التواجد معاً في نفس المكان وانا شخصيا وبناء على القوانين العنصرية لم اكن لاتمكن من التواجد معكم هنا او الجلوسِ معكم والعمل على هذة الطاولات معاً او الاكل معاً او استخدام نفس الحمام او التنقل في نفس القطار او الباص او التوجه معكم لاحتساء القهوة في مكان عام.

عندما كنت في عمركم حطم التمييز العنصري حياتي. وعليه فقد كان حقي بعدم التعرض لتمييز عنصري هو الاهم في حياتي.

Apartheid South Africa as an example

Growing up under apartheid

(From a workshop by Shereen Pandit during the Youth Ambassadors Project)

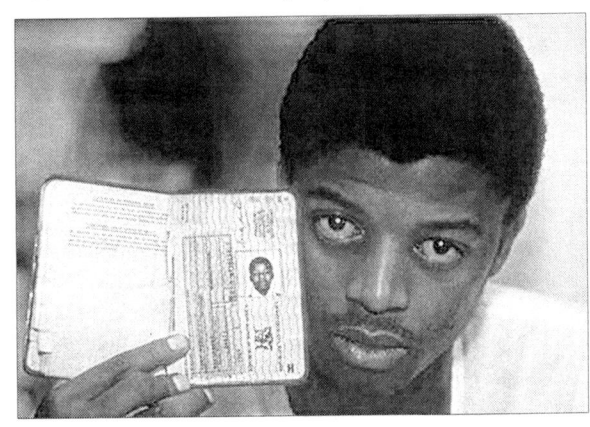

When I was about your age (13-16) the most important right for me was the right not to be discriminated against. I grew up in South Africa under apartheid and the country was ruled by discrimination. People were divided into four categories. There were people whose ancestors were white, and people whose ancestors were Indian, people who came from mixed backgrounds and people whose ancestors were African. There were different rules for each of these groups. People who were white were at the top. The higher up you were in this list, the more rights you had, and the lower you were in this list, the fewer rights you had. White people had all the best jobs. When you left school, you had to remember, there were some jobs you could never do, if you were black.

When African boys got to the age of sixteen, they had to register with the Ministry of Labour. Then they could be sent anywhere at all across the country to work—in the mines, anywhere. Very few stayed on at school.

African girls and boys from the age of sixteen were given a pass (ID). That controlled where they were allowed to go. They were only allowed in the towns and cities for 72 hours at a time. If they were there longer, they could go to jail.

Education was separate. Black people were poor. Their classrooms were poor. Sometimes there were no buildings and their schools were outside. White schools were very wealthy – they had swimming pools, lots of resources. Not many black people went to university, but the white universities had resources that universities in this country would be lucky to have.

Lives were separate. People lived in different areas by law. There were white areas, black areas. If all of us lived in South Africa at that time, there would be people in this room I would not be allowed to be with: we wouldn't be able to sit together, to go for coffee together, to be together.

When I was your age, discrimination ruled my life, and the right not to be discriminated against was the most important one for me.

التمييز العنصري في جنوب افريقيا كمثال

من الوثيقة التي اعلنها أطفال جنوب أفريقيا

1. للاطفال الحق بعدم التعرض للاضطهاد.
2. من حق كل الاطفال بان يكون لهم اسم وجنسية منذ لحظة ولادتهم.
3. للاطفال الحق في ان يتم سماعهم في كل ما يتعلق بامورهم.
4. للاطفال الحرية في ممارست قناعاتهم الدينية والثقافية والعيش بدون خوف.
5. للاطفال الحق في الحماية من كل اشكال الانتهاكات.
6. للاطفال الحق في العيش مع عائلاتهم والحصول على الحنان والرعاية اللازمة.
7. للاطفال الحق في اللبس والسكن والرعاية الصحية.
8. للاطفال الحق في العيش في بيئة نظيفة والحصول على المياه النظيفة.
9. للاطفال الحق في التعليم المناسب والمساواه وعدم الاضطهاد العرقي او الجنسي.
10. للاطفال الحق في اللعب والحصول على الملاعب المناسبة ولممارست طفولتهم.
11. للاطفال الحق للحماية من سوق العمل ومن كل التأثيرات الاقتصادية التي قد تعرض الاطفال للخطر من الناحية العقلية والنفسية والجسدية والتي تتعارض مع تعليمه وحرمة من التمتع طفولته.
12. لا يجوز ان يدفع الطفل للعيش في الشوارع.

هذة هي الحقوق التي وجدها اطفال جنوب افريقيا مهمة جدا لهم إبان الحكم العنصري. اما عن الحقوق التي اختارها أطفال فلسطين فهي كما يلي.

Apartheid South Africa as an example

From the South African Children's Charter

1. Children have the right not to be discriminated against
2. All children have the right to a name and nationality as soon as they are born.
3. Children have the right to be heard on everything affecting them
4. Children have the right to freedom to practice their own religion, culture or beliefs without fear.
5. Children have the right to be protected from all types of violence
6. Children have the right to family life, love and affection
7. Children have the right to clothing, housing and a healthy diet.
8. Children have the right to clean water, sanitation and a clean living environment.
9. Children have the right to free and equal, non-racial, non-sexist and compulsory education
10. Children have the right to play and to free and adequate sports and recreational facilities so that children can be children.
11. Children have the right to be protected from child labour and any other economic exploitation which endangers a child's mental, physical, or psychological health and interferes with his / her education so that he / she van develop properly and enjoy childhood.
12. No child should be forced to live on the streets

These are the rights that South African children under apartheid found most important. The rights that the Palestinian children chose in 2009 are on the following pages.

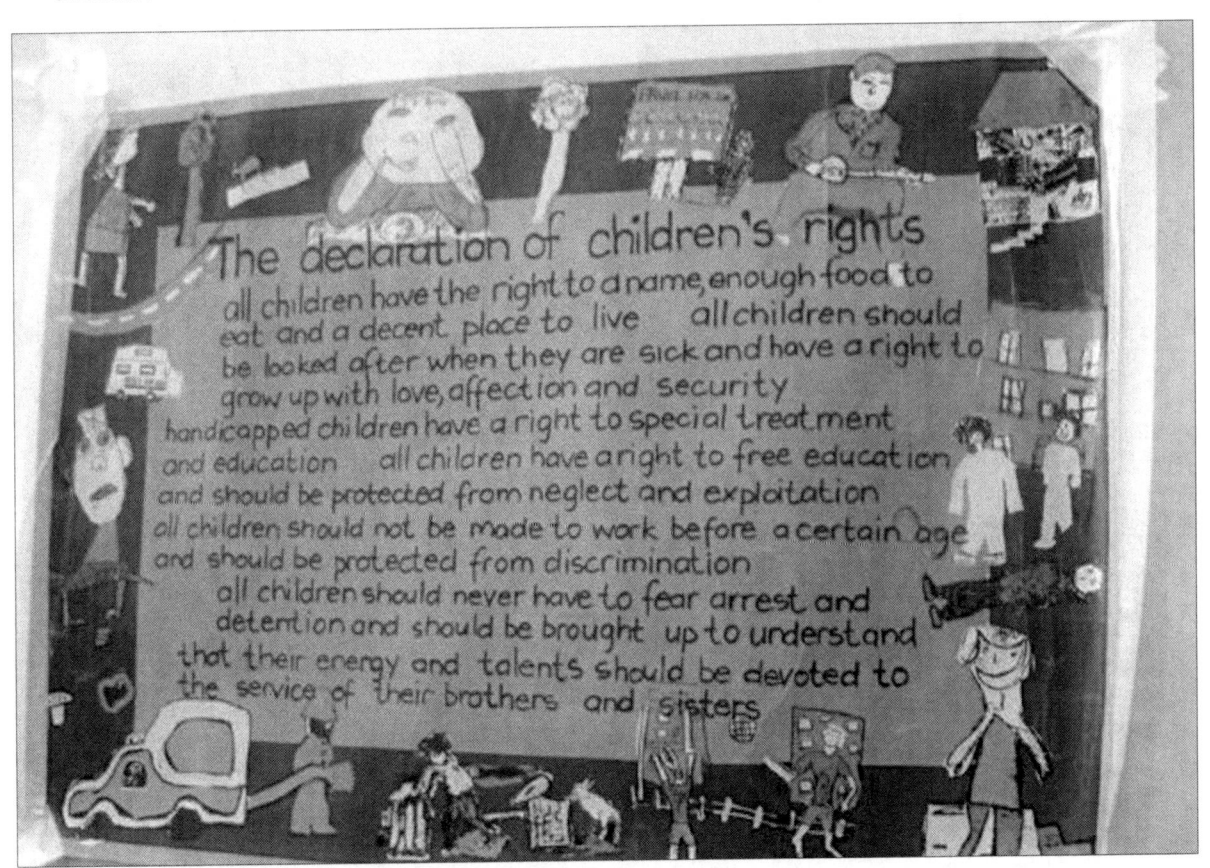

نحو وثيقة لحقوق الطفل الفلسطيني

ما هي الحقوق التي قد يقترحها اطفال فلسطين في وثيقة لحقوق الاطفال في فلسطين؟

الحقوق التي سنتطرق لها في الصفحات القادمة تم اختيارها من قبل الشباب في مشروع سفراء شباب من اجل حقوق الانسان.

الحق في الحصول على الهوية الوطنية.
الحق في مغادرة بلدك والعودة إليها.
الحق في السلامة البدنية.
الحق في الحرية وعدم التعرض للاعتقال التعسفي.
الحق في الملبس والمسكن.
الحق في الحركة والتنقل.
الحق في حماية الاسرة.
الحق في الحصول على رعاية صحية.
الحق في التعليم.
الحق في اللعب.
الحق بعد التعرض للاضطهاد والتمييز.

Towards a Palestinian children's charter

What rights would there be in a charter of children's rights for Palestine?

The rights discussed in the next pages are the ones chosen by the young people in the Youth Ambassador workshop.

The right to an identity
The right to leave your country and return to it
The right to feel safe
The rights to freedom from arbitrary arrest + freedom from torture
The right to move around your country
The right for families to be protected
The right to clothing and housing
The right to health care
The right to education
The right to play
The right not to be discriminated against

الحق في الهوية

للطفل منذ مولده حق في أن يكون له اسم وجنسية.
المبدأ 3 من معاهدة حقوق الطفل للعام.

لدي الحق في الحصول على اسم وقومية...... ولكن لا يوجد قومية للفلسطينيين بسبب وجود الاحتلال.

فلسطين ليست دولة معترف بها وهي ليست على خريطة العالم. يحمل الفلسطينيون في ابوديس بطاقة هوية تعطى لهم من قبل السلطات الاسرائيلية (هوية خضراء واخرى زرقاء) لا يستطيعون السيطرة على حياتهم يطالب الفلسطينيون بحقهم في دولة واستقلال منذ زمن طويل ولم يتحقق لهم ذلك.

1917 الانتداب البريطاني
قدمت بريطانيا الى فلسطين في العام 1917 وعملت على مساعدة الحركة الصهيونية بالعمل على تشكيل الوطن القومي لليهود بعد ان اخذت وعد بلفور المشؤوم.

1948 النكبة
1948 هو تاريخ مهم جداً في حياة الشعب الفلسطيني فقد وعدت الحركة الصهيونية بان فلسطين وطن بدون شعب. وانهت بريطانيا انتدابها ليتوافد اليهود من كل العالم على فلسطين. اقرت الامم المتحدة بان القدس ستكون مدينة دولية ولكن اسرائيل وبشكل غير شرعي احتلت غربي المدينة وطردت الفلسطينيين من قراهم.

1967 نكسة
بعد حرب استمرت لستة ايام احتلت اسرائيل باقي فلسطين الضفة الغربية وقطاع غزة واجزاء من سوريا والاردن ومصر. وقد تصاعدت وتيرة الاحتلال وصولاً للعام ٢٠٠٢ حيث قامت اسرائيل باحكام السيطرة على الضفة الغربية ببناء الجدار الفاصل.

آدم

Towards a Palestinian children's charter

The right to an identity

"The child shall be entitled from his birth to a name and a nationality." DRC Principle 3

I have the right to a name and a nationality.... But there is no Palestinian nationality because of the occupation.

Palestine isn't recognised on maps of the world as an official state. It is not on maps of the world. Palestinians in Abu Dis only have the ID cards (either green or blue) given to them by the Israeli authorities. They don't have control over their lives. Palestinians have been asking for a national state and a country that they can control, but this is not the case at the moment.

1917 The British occupation
In 1917 the occupation started in Palestine, The British Mandate come to Palestine. They worked to carry out Balfour Declaration for Jewish people to allow them to make their land in Palestine.

1948 Nakba:
1948 is an important date in Palestinian life
The Zionist movement promised "a land without people for a people without a land". After the mandate more and more Jewish People moved to Palestine. The UN said Jerusalem would be an international city. However, Israel illegally occupied the city (the west part). Many Palestinians had to leave.

1967 Naksa:
There was a six days war and Israel occupied the West Bank, Gaza Strip, Jerusalem, also a part of Syria, a part of Jordan and the same in Egypt. After that the occupation become more and more In 2002, Israel started to build the Separation Wall.

Adam

حق العودة مقدس لكل لاجئ

انا رشا يوسف الهرمي فتاه فلسطينيه لاجئه من بلدة اسمها الرمله وعائلتي ايضا لاجئه فقد كانت المأساه الإنسانيه التي حلت بالشعب الفلسطيني عام 1948 مدمره. فقد طرد ونزح الشعب الفلسطيني من الاراضي التي سيطرت عليها اسرائيل. وعائلتي من ضمن هؤلاء الناس.

قبل وقوع النكبه كانت عائلتي تعيش في أمان وسعاده وحريه وبدون قيود على حركتهم. ولكن بعد ان وقعت نكبه 1948 طرد أهلي من بيوتهم وشردوا من بلدهم. واستولى الصهاينة على الارض وارتكبوا الكثير من المجازر الارهابيه وأصبحت افراد عائلتي لاجئين بلا وطن ولا حتى مكان مناسب للعيش.

بعض فراد عائلتي اختئوا في الكنائس والمساجد وبقوا في البلد نفسها والجزء الاخر أجبروا على الرحيل خوفا من الاضطهاد الى الضفه الغربيه (بيت لحم) تاركين كل ممتلكاتهم وأراضيهم وبيوتهم ومعهم مفاتيح هذه البيوت على امل العوده الى الرمله ومما زاد ذلك تشتتً ومعاناه واما الذين استطاعوا ان يصمدوا هناك فقد سلبت منهم اراضيهم وبيوتهم لأقامه المستوطنات الصهيونيه عليها فلم يبقى اي من معالم بيوتهم القديمه فكل شي تغير وتحول.

وهكذا بقى الفلسطينيون لاجئون ومهجرين لانهم غير قادرين على ممارسه حقهم بالعوده الى منازلهم وديارهم الاصليه التي هجروا منها عام 1948.

لجميع اللاجئين والمهجرين الحق في العوده الى ديارهم ومنازلهم الاصليه بأمن وكرامه والحق في استعاده ممتلكاتهم وهو حق ...مقدس وقانوني وشرعي وقابل للتطبيق.

رشا تعيش اليوم في ابوديس 2009

نحو وثيقة لحقوق الطفل الفلسطيني

الحق في مغادرة بلدك والعودة إليها

للجميع الحق في مغادرة اي بلد بما فيها بلدهم ولهم الحق في العودة الى اوطانهم
المادة 13 من الاعلان العالمي لحقوق الانسان

اللاجئين
اللاجئين هو الشخص الذي اجبر على ترك ارضة او بيته او وطنه. يوجد الان في العالم اكثر من 6 ملايين لاجيء فلسطيني حسب القانون الدولي للاجيء الحق في العودة الى بلده ومع ذلك فلم تسمح اسرائيل للاجئين الفلسطينيين من العودة الى بلادهم

الصورة الماضية بعض الاجئين الفلسطينيين اثناء مغادرتهم مدينة القدس عام 1948
منذ العام 1948 اجبرت اسرائيل العديد من الفلسطينيين مغادرة ارضهم ودمر الجيش الاسرائيلي العديد من القرى الفلسطينية.

قتل العديد من الفلسطينيين اثناء محاولتهم العودة الى ارضهم.

اجبر الجيش الاسرائيلي في العام 1948 الفلسطينيين في القدس الغربية لمغادرة ارضهم والتوجه الى ما اصبح يعرف الان بالضفة الغربية في العام 1967 اجبر الالاف من الفلسطينيين مرة اخرى على ترك اراضيهم وبعد انتهاء القتال لم يسمح لمن غادروا البلاد من العودة اليها.

في ابوديس هناك العديد من اللاجئين ممن تركوا ارضهم في العام 1948 من سكان القدس الغربية.

حتى عام 2003 كان هناك قرابة 1100 لاجيء يمثلون 250 عائلة

ايناس

عائد الى حيفا
خلال تواجد الاطفال من فلسطين في لندن قاموا بعرض مسرحية تدور احداثها عن ابوان فلسطينيان فقدا طفلهما خلال هروبهم في حرب عام 1948 من بلدتهم حيفا في شمال فلسطين. ولم يتمكنوا من العثور عليه لمدة سنوات ولكن في النهاية تمكنوا من ايجاده. وقد كان يسكن مع عائلة اسرائيلية والتي بدورها استولت على منزل العائلة الفلسطينية. لقد اعطي الطفل اسما جديداً ونشأ على قصة جديدةوتربى على يد عائلة اسرائيلية وهو جندي في الجيش الاسرائيلي وقد دارت احدث كثيرة بين الابوين وابنهما في محاولة لاقناعه للعودة معهم..... هذة القصة للكاتب الفلسطيني المشهور غسان كنفاني. يمثل الاهل لاجئين فلسطينيين والابن يمثل ليس فقط الناس ولكن الارض التي فقدها الفلسطينيين وتم الاستيلاء عليها من قبل اسرائيل.

The right to leave your country and return to it

"Everyone has the right to leave any country including his own, and to return to his country." UDHR Article 13

Refugees

A refugee is some one who is forced to leave their home/land/country. It is estimated that there are at the moment six million Palestinian refugees in the world.

Since 1948, Israel has made many Palestinian people leave their lands. This picture shows Palestinian people leaving Jerusalem in 1948. The Israeli army destroyed many villages. When people tried to return to their lands they were shot or disappeared at the borders.

In 1948 Israel sent the army into Jerusalem and forced people living in the West to move into what is now known as the West Bank.

In 1967 Israel occupied all of Palestine forcing even more Palestinians to leave. After the fighting stopped in 1967, those people who were abroad were not

allowed to return to Palestine as Israel now controlled the borders and refused entry. Under international law, refugees have the right of return. However, Israel will not allow Palestinians to return to their land.

In Abu Dis there are many refugees from West Jerusalem from 1948. By 2003 in Abu Dis there were 1100 refugees from 250 families.

Enas

Aid ila Haifa [Return to Haifa]

The Palestinian children acted a story about two Palestinian parents who lost their child during their flight from their home town Haifa, in 1948, can't find him for years, but in the end, they manage to go back and look for him. They find that their son is living with the Jewish family who took over their old house. He has been given a new name, has grown up with a different story, is in the Israeli army, and he doesn't want to return with them…

[This is a story from the famous Palestinian writer, Ghassan Kanafani. The parents are Palestinian refugees and the son represents not just the people but the land that was lost by the Palestinians and taken over by Israel.]

Rasha's grandfather

A child's story: the right to return is sacred to every refugee

I am Rasha Yousef al-Hremi a Palestinian girl, a refugee from the town of Ramleh and my family are refugees too.

The humanitarian tragedy that happened to the Palestinian people in 1948 was a terrible destruction, and the people became refugees and were kicked from the land that Israel controlled. My family were some of these people.

Before the Nakbeh took place, they were living in security, happiness and freedom and without any restriction on their movement, but after the Nakbeh of 1948, they were kicked out of their houses and made homeless in their own country. The Zionists took over the land and carried out a lot of terrorist massacres, and my family became refugees without a country and without anywhere to live.

And some of my family hid in churches and mosques and managed to stay in the town itself, and the others had to leave, afraid of the racism that was going on. They went to Bethlehem which was in the part of the country that became the West Bank, leaving their properties and their land and their homes. They took the keys of their houses with them, still hoping to return to Ramleh. What made it worse was people getting separated from each other and the suffering they went through.

Those who managed to resist and stay in Ramleh had their houses and land stolen from them for Zionist settlements and only some of their old houses were left with them. The style of the old houses was changed. And it was the same in the rest of Palestine, the displaced people and refugees did not manage to exercise their right to return to the homes and houses that they were originally from and that they left in the year 1948.

All the refugees and displaced people have the right to return to their homes and original houses in safety and dignity and the right to be given their property back. The right is sacred and legal and also it can be realised.

Rasha lives in Abu Dis. 2009

يجب ان يتمتع الطفل بحماية خاصة

هذا المبدأ يتحدث عن ضرورة توفير الرعاية والحماية للانسان عموما وللطفل خاصة وهو طبعا غير متوفر في فلسطين حيث ان الجنود الاسرائيليون يقتحمون المدارس ويضربون الطلاب ويعتقلونهم مما يحرمهم من اكمال تعليمهم.
لدي الحق في ان اعيش في بلدي بسلام وان احمى من كل اشكال العنف والاضطهاد والتعذيب في فلسطين لا يمكنك ان تمارس هذا الحق لانه لا يمكنك حتى التجول في الشارع بسلام مع وجود دوريات الجيش الاسرائيلي التي تحاصرك في كل مكان.

محمد

قصص من الاطفال

الخميس 28 ايار 2009
انا طالب في مدرسة ابوديس الثانوية للذكور. بعد ان انهيت اليوم الدراسي واثناء عودتي الى البيت اوقفني جنود اسرائيليون في شارع المدرسة واتهمونا باننا انا وزملائي نلقى حجارة على الجيش فرددنا عليهم باننا لم نفعل ولا نعرف شيء عن هذة الحادثة فلم يصدقونا وطلبوا منا ان نبلغهم عن اسماء الطلاب الذين يلقون الحجارة كذلك قلنا لهم باننا لا نعرفهم. قام الجنود بضربي وهددوني بانهم سيضربوني مرة اخرى اذا شاهدوني في هذا الشارع.

حسام

قبل قرابة اسبوعين كان هناك حفل تخرج لطلاب مدرسة ابوديس الثانوية للذكور للطلاب الذين انهوا العام الدراسي الاخير في المدرسة وقد كنت موجود مع بعض اصدقائي لمشاركة في عرض للدبكة الشعبية في طريق عودتي الى البيت اوقفني جنود اسرائيليون وقاموا بضربنا دون أي سبب

ابراهيم

قدم لي احد اقربائي هدية العيد وكانت عبارة عن بندقية من البلاستك وقد طلب مني عمي بعدم الخروج بها الى الشارع لان هناك جيب عسكري اسرائيلي ولكني خرجت قام الجنود باستدعائي وطلبوا مني بان اصعد الى الجيب حيث وضعوني في الجيب وقاموا بضربي واحتجازي لمدة طويلة حيث تنقلوا في سيارة الجيب في الشوارع وكل مرة كان الجيب يقف كانوا يضربوني

ادم

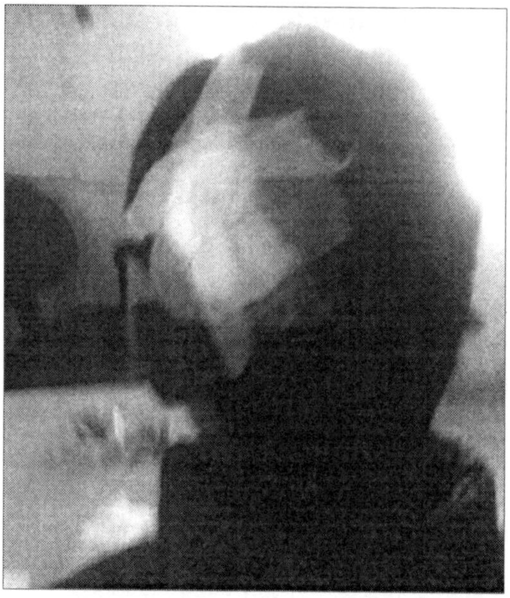

Abu Dis boys hurt by the Israeli army. Mohammed Eriqat, 16, [below] was shot in December 2008 and then arrested. He was taken to an Israeli hospital and his parents were not allowed to see him for about a month. Then he was taken to prison.

طفل من ابوديس اصيب على ايدي الجنود الاسرائيليون. في الاسفل صورة لمحمد عريقات (16 عام) الذي اصيب بعد ان اطلق الجنود الاسرائيليون النار عليه واعتقلوه في شهر كانون اول 2008. وقد تم نقله الى مستشفى اسرائيلي ولم يتسنى لعائلته زيارته لمدة شهر وتم نقله الى السجن بعد ذلك

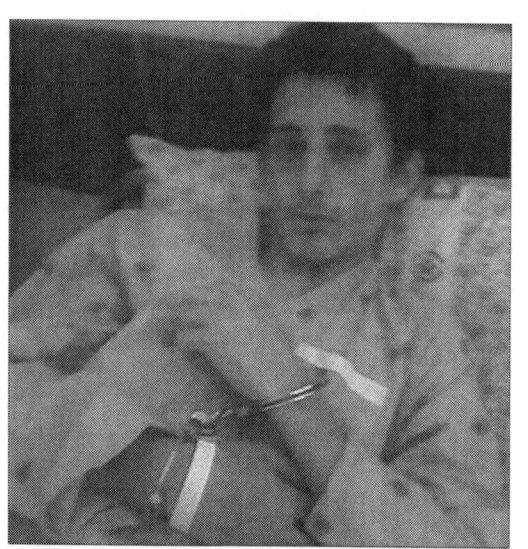

نحو وثيقة لحقوق الطفل الفلسطيني

الحق في السلامة البدنية

لكل فرد الحق في الحياة والحرية وسلامة شخصه.
المادة 3 من الاعلان العالمي لحقوق الانسان

يجب أن يتمتع الطفل بحماية خاصة...وان يمنح الفرص والتسهيلات اللازمة لإتاحة نموه الجسمي والعقلي والخلقي والروحي والاجتماعي نموا طبيعيا سليما في جو من الحرية والكرامة. وتكون مصلحته العليا محل الاعتبار الأول في سن القوانين لهذه الغاية.
المادة 2 من الاعلان العالمي لحقوق الطفل

هذا ما قاله الاطفال من فلسطين

لي الحق في العيش بأمان بدون الخوف من الاحتلال. في فلسطين لا احد يشعر بالأمان بسبب الاحتلال وما يسببه من مآسي.

لي الحق في ان اشعر بالامان في بلدي
لي الحق في العيش بحرية في فلسطين بدون خوف ولكنني لا احصل على هذة الفرصة مع وجود الجنود الاسرائيليون الذين يحاصروني من كل مكان عندما تتحرر فلسطين سأشعر بامان.

لي الحق بان اعيش بحرية، الوضع في فلسطين لا يسمح بذلك الناس لا يحصلون على حريتهم بسبب الجدار والاعتقالات لعديد من الاطفال وكذلك النساء.

في فلسطين لا نشعر بالامان بسبب العنف الاسرائيلي ضدنا بسبب الحروب التي تشنها اسرائيل علينا.

الحق في عدم التعرض لاشكال العنف

هذا برأيي الحق الاهم لان معظم الاطفال الفلسطينيين هم عرضة للعنف الاسرائيلي من خلال وضعهم في المعتقلات وضربهم دون اعتبار أنهم دون السن القانوني، كذلك اقتحام الجنود الاسرائيليون للمدارس والاعتداء على الطلاب واهانتهم واغلاق المدارس. انا اطالب بهذا الحق لانه يمنح الاطفال الفلسطينين حقهم في التعليم وبان يعيشوا حياة افضل كباقي اطفال العالم في وطنهم.

يوجد اليوم اكثر من عشرون قاصراً من طلاب مدرسة ابوديس الثانوية للذكور داخل معتقلات الاحتلال الاسرائيلي.

يزن

Towards a Palestinian children's charter

The right to feel safe

Everyone has the right to life, liberty and security of person. UDHR Article 3

The child shall enjoy special protection... to enable her/him to develop physically, mentally, morally, spiritually and socially in a healthy and normal manner and in conditions of freedom and dignity. DRC Principle 2

This is what the Palestinian children said:

I have the right to live in security without fear from the occupation. In Palestine, nobody feels secure because of the occupation and the things that the occupation does,

I have the right to feel safe in my country.

I have the right to live in free Palestine without fear. But I don't have this chance because the Israeli soldiers surround us. When Palestinian is liberated, I will live in peace.

I have the right to live in freedom. The situation in Palestine—people do not get their freedom because of the wall and because of imprisonment of young people and also some women.

In Palestine, we don't feel safe because of the Israeli violation and because of all the wars that Israel has against us.

"The right to be protected from all violence."

This is the most important right because most of the children in Palestine suffer from Israeli violence through putting them in jails and beating them without considering that they are juveniles and also through soldiers invading schools and sometimes closing the schools. I am asking for this right to give Palestinian children a chance to live in peace like other children in the world, and to have their basic rights in education without any problems. If this right was achieved, I think that Palestinian children would live in peace and they would have a good chance in their homeland.

At the moment there are more than 20 boys from Abu Dis Boys School in Israeli prisons.

Yazan

The child shall enjoy special protection

In Palestine, soldiers enter the schools and beat the students, and also they arrest them and take them to jail and make them lose their chance of education.

I have the right to live in peace away from violence, terror and risk. In Palestine, you can't do so – you can't even walk in the streets safely because of the Israelis who surround you in all the places.

Mohammed

Children's stories

I am a student at Abu Dis Boys' School. When I was going back from school on Thursday 28th May 2009, Israeli soldiers stopped me in the road that the school is in. They were beating one of the students from my school. They said to me and my friends that we had been throwing stones, but we didn't know anything about this. When we said that we didn't have any idea about stones being thrown, they wanted us to tell them the names of the students who had thrown stones. We told them that we didn't know anything about this. The soldiers did not believe us, and they beat me and my friends, and they threatened us, saying that if they saw us again on the street they would beat us again.

Husam

Two weeks ago there was a party at Abu Dis girls' school to give out certificates to people from the boys' school who had finished their last year at school. I went with my friends to do dabkeh (Palestinian dance). On my way home with my friends, we were stopped by Israeli soldiers who beat us without any reason.

Ibrahim

It was Eid and somebody bought me a plastic gun. I wanted to take it out and my cousin said I shouldn't but I didn't listen to him and when I was outside a military jeep stopped and the soldiers stopped me and they put me in their jeep and they beat me. And then they drove me all afternoon round Abu Dis and whenever they stopped the jeep they hit me. And then they let me go.

Adam

نحو وثيقة لحقوق الطفل الفلسطيني

همام محسن

همام 18 عام هو اليوم ينظر الى اقرانه يلعبون ويتجولون بينما لا يستطيع هو الحركة كما اعتاد والسبب هو رصاص الجيش الاسرائيلي في الخامس والعشرون من كانون اول 2008 في شوارع ابوديس.

اصيب عندما كان يشارك في مظاهرة سلميه ضد العدوان الاسرائيلي على غزة في نهاية شهر كانون اول الماضي، هذة اخر مرة شوهد همام كانسان معافى.

اطلق جندي اسرائيلي النار على همام من مسافة قريبة واصابه بثلاث رصاصات مطاط استقرت اثنتين منها في دماغه. قام الجنود باحتجاز سيارة الاسعاف التي تقل همام الى المستشفى لمدة عشرون دقيقة قبل ان يرسل الى المستشفى ليخضع لعمليه جراحية استمرة لمدة ستة ساعات وقد كان محظوظا بان بقي على قيد الحياة. يستطيع همام اليوم المشي والكلام ولكنه يعاني من ضعف في الجهة اليمنى من جسمه

زينة

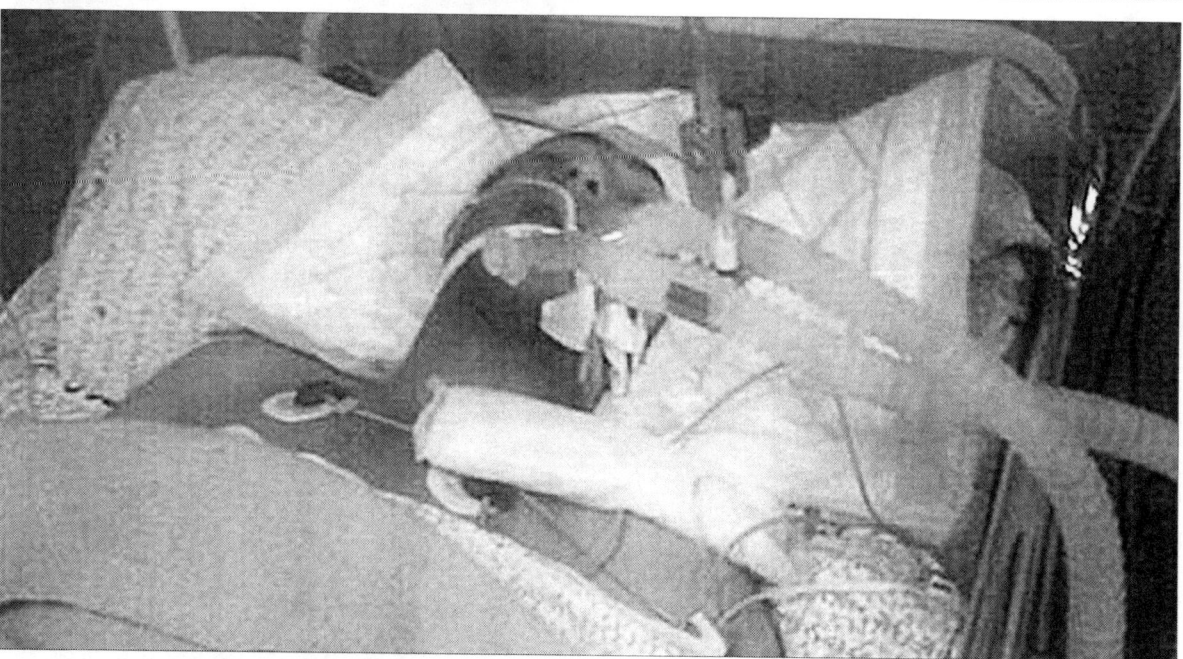

Towards a Palestinian children's charter

Hammam Mohsen

Hammam, an 18 year old boy from Abu Dis Boys' School, sees his friends playing, walking, and moving as they like, while he is moving with a walking stick. The cause was a bullet shot from an Israeli soldier on 26th of December 2008 in Abu Dis.

Hammam took part in a demonstration against the massacre in Gaza done by Israel. During that event a soldier shot Hammam's head. This is the last time Hammam was seen walking as a healthy person.

He was shot in the back of the head by three rubber bullets. Two of them went into his brain. He was kept for twenty minutes in the street before an ambulance came. He had an operation that lasted for six hours and he was lucky to survive. Now he is able to walk and talk but his right side is not working properly. A very critical surgery was done to save Hammam's life and it was successful, but the final result was that Hammam was half-paralysed—he has lost his ability to move his body freely.

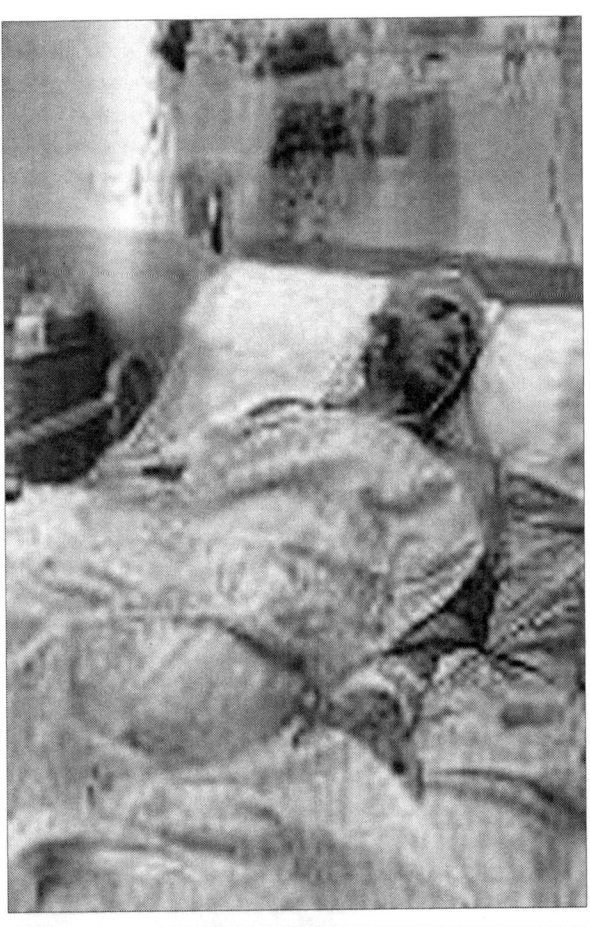

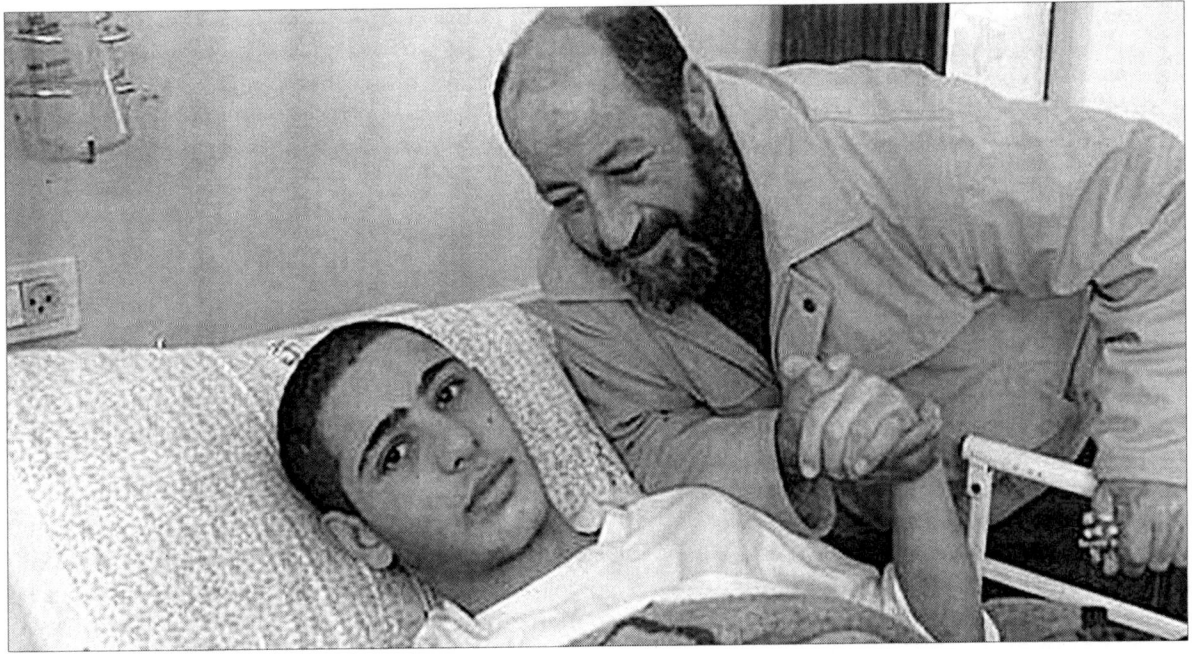

Zaina

الحق في العيش بحرية وعدم التعرض للاعتقال التعسفي + عدم التعرض للتعذيب

لا يجوز القبض على أي إنسان أو حجزه أو نفيه تعسفاً.
المادة 9 من الاعلان العالمي لحقوق الانسان

لايعرض أي إنسان للتعذيب ولا للعقوبات أو المعاملات القاسية أو الوحشية أو الحاطة بالكرامة.
المادة 5 من الاعلان العالمي لحقوق الانسان

هناك العديد من الفلسطينيين بما فيهم نساء واطفال داخل السجون الاسرائيلية تم اعتقالهم بشكل تعسفي. العديد ممن تعرضوا لتعذيب ولم يتسنى لهم الحصول على محاكمة عادلة. في العادة لا يبلغ اهالي الاطفال المعتقلين عن اعتقالهم او عن اماكن وجودهم. كذلك فان زيارة المعتقل ليست بالامر السهل. وعلى الرغم من ان القانون الاسرائيلي يعتبر من هم تحت سن 18 من الاسرائيليون قصر الا القاصر الفلسطيني لا يعامل على هذا الاساس في السجون الاسرائيلية الاولاد اكثر عرضة للاعتقال. يوجد اليوم اكثر من عشرين قاصرا من طلاب مدرسة ابوديس الثانوية للذكور داخل معتقلات الاحتلال الاسرائيلي. يفرج عن البعض ليودع البعض الاخر السجن. ان العالم مكان اخر بالنسبة لهم.

قصص من الاطفال

لقد تم اعتقال اشقائي بينما كانا في اخر سنة دراسية لهما في المدرسة. موسى شقيقي الاكبر تم اعتقاله لمدة سنة مما ادى الى ان يفقد سنتين من تعليمة الجامعي. كذلك اخي سعد الذي اعتقل في بداية سنة 2007 وامضي سنتين داخل المعتقل الاسرائيلي.

محمد

قام الجنود الاسرائيليون باعتقال ابن عمي الذي لم يتجاوز العاشرة من عمره حيث وضعوه الجنود في جيب عسكري ولم يتم ابلاغ عائلته حيث امضى يومين دون ان نعرف عن مكانه.

يزن

محمد 15 عام وهو طالب تم اعتقاله من بيته من قبل الجيش الاسرائيلي في ساعة متأخرة من الليل. قام الجنود بنقله الى مستوطنة معالي ادوميم الى مغفر الشرطة هناك حيث تم الاعتداء عليه بالضرب لارغامه على التوقيع على اعتراف كتب اللغة العبرية والتي لا يعرفها نتيجة للضرب المبرح تعرض محمد الى اصابات خطيرة نقل على أثرها الى المستشفى الاسرائيلي وامضى طوال الليل هناك تحت حراسة الجنود الاسرائيليين وعندما اقر الاطباء ان اصابته خطيرة قرر الجنود اعادته الى منزله حيث قاموا برميه بجانب البيت

Palestinians including women and young children can be arrested by Israeli soldiers for little or no reason. Many are tortured and they don't always get a trial in court. Children's parents aren't always informed of their arrest and child prisoners are often denied family visits. Although Israel regards Israeli youth as juveniles till 18, Palestinian youth are not given special care although they are children.

Boys are often arrested. There are about twenty from Abu Dis boys from Abu Dis Boys' School in prison now. Sometimes some leave prison and then others are imprisoned. When they return, the world is a different place for them.

Towards a Palestinian children's charter

The rights to freedom from arbitrary arrest and freedom from torture

No one shall be subjected to arbitrary arrest, detention or exile.
UDHR Article 9

No one shall be subjected to torture or to cruel, inhuman or degrading treatment or punishment.
UDHR Article 5

Children's stories

My two brothers were both arrested when they were in the last year at school. My brother Mousa spent a year in jail and that meant he lost two years of his education. My brother Saed spent a year and a half in jail, so he also lost two years of his life.

Mohammed

I've got a cousin who was ten years old when he was arrested by the Israeli soldiers. They arrested him from the street and they kept him for two days and nobody knew where he was.

Yazan

Mohamed M aged 15 was arrested by Israeli soldiers from his house late in the night. He was taken to the Maale Adumim police station and was beaten badly to try to force him to sign a confession that he couldn't read (it was in Hebrew). He was so badly hurt on his stomach and his condition was so serious that he had to be taken by the soldiers to hospital and stay there overnight. He was still really hurt and they drove him back to his house and left him there.

الحق في حرية الحركة والتنقل داخل بلدك

للجميع الحق في التنقل والاقامة داخل اوطانهم.
المادة 13 من الاعلان العالمي لحقوق الانسان

بعض ما قاله الاطفال الانجليز

اشعر بان هذا الحق مهم جداً يعطي الشعور بوجود حرية . واذا تم انتهاك هذا الحق فلن يشعر الناس براحة ويكونوا على الدوام مضغوطين.

أكرن

للجميع الحق في الدخول الى كل المناطق في بلده لكن في فلسطين وبسبب الجدار الذي فصل الناس هناك بلدة تسمى ابوديس كانت في الماضي جزء من مدينة القدس لكنها الان مفصولة عنها بسبب الجدار والناس لا يستطيعون الدخول الى القدس حيث اعاق الجدار وصول الطلاب الى مدارسهم وفص العديد من العائلات

زينب وفليزا

من الممكن ان يتم ايقافك على حاجز عسكري لمدة ساعات. الشاحنات يجب ان تنزل حمولتها وان يعاد تحميلها بعد التفتيش على الحواجز. في الكثير من الاحيان لا يسمح لك بعبور الحاجز ويعلق الناس في مناطق محصورة لا يستطيعون الخروج منها. على الرغم من ان الضفة الغربية منطقة صغيرة الا انه وبوجود الحواجز يجب ان تضع بحسبانك التاخير اذا اردت التوجه من مدينة الى مدينة بسبب وجود الحواجز والعديد من الناس امتنعوا من عبورها.

بعض ما قاله الاطفال من فلسطين

لقد نصب الاسرائيليون الحواجز العسكرية في كل مكان في الضفة الغربية وهناك حواجز كبيرة على الجدار وبين المدن بالاضافة الى الحواجز العسكرية الطيارة في كل مكان

لدي الحق للتنقل في بلدي بدون حواجز وجدار وبدون خوف من جنود الاحتلال

الوضع في فلسطين : ليس في استطاعتي التنقل بسبب الجدار الذي فصل الضفة الغربية عن باقي فلسطين. والحواجز العسكرية في داخل ومحيط المدن الفلسطينية. والقوانين الاسرائيلية التي تحد من حركتنا والوان هويتنا التي تحدد الى اين نذهب. ولا استطيع المشي في الشوارع بحرية لوجود جنود الاحتلال الاسرائيلي الذين يضربون ويهينون الناس بدون سبب

اخبرتنا طفلة في الثامنة من العمر من ابوديس انها تذهب كل صباح مع شقيقتها الى تبلغ من العمر سبع سنوات الى مدرستها في القدس كانت الشقيقتان تتنقلان عبر الحاجز العسكري الاسرائيلي مستخدمتان شهادات ميلادهما والتي تثبت ان والدهن يحمل بطاقة هوية زرقاء وفي احد الايام نسيت الفتاة شهادة ميلادها وعند وصولها الى الحاجز العسكري رفض الجنود السماح لهما بالمرور وتم احتجازهما لمدة ساعة حتى قدم والدهما الى الحاجز

Towards a Palestinian children's charter

The right to move around your own country

Everyone has the right to freedom of movement and residence within the borders of each State.
UDHR Article 13

The English children wrote:

I feel that this right is important because it allows people to have a sense of freedom. If this right is violated, there is no confirmation of people fulfilling their lives to the max.

Akhran

Everyone has the right to access all areas of their countries. In Palestine, due to the Wall, Palestine is separated. A town called Abu Dis once was part of Jerusalem but is now separated from it by the Wall. People can't access Jerusalem. Students don't receive education where they used to. Many families are separated.

Zaynab and Valeza

You can be stopped and held up for hours at a checkpoint. Lorries and vans are made to unload. Sometimes you are not allowed through a checkpoint, and some people are completely trapped in the small area they come from. So although the West Bank is very small, you have to allow a lot of time to travel between cities and a lot of people don't go out of their own area at all.

The Palestinian children wrote:

The Israeli military have made checkpoints all over the West Bank. There are big checkpoints in the Wall and between towns. There are temporary checkpoints all over the place.

I have the right to move freely in my country without checkpoints and walls and fear of the occupation

The situation in Palestine: I can't move freely because of the Wall which separates the West Bank from the rest of Palestine, the checkpoints inside the cities of the West Bank, and the Israeli laws which limit our movement and are connected with the colour of our IDs. And we can't walk in the streets freely because of the occupation soldiers who usually humiliate people without any reason.

An eight-year old girl from Abu Dis told us that she and her seven-year-old sister go to school in Jerusalem. They walk through the military checkpoint and they have to take their birth certificates to prove that their parents have blue IDs – Once they forgot the certificates and the soldiers refused to let them go through, and kept them there for maybe an hour at the checkpoint till their father came and found them.

الجدار الفاصل

بدأت اسرائيل ببناء الجدار الفاصل في العام 2002. قالوا حينها انه من اجل الامن ولكن اذا نظرت الى خارطة الضفة الغربية فستجد انه ليس على الحدود بين الفلسطينيين والاسرائيلين. فهو يدخل الى الاراضي الفلسطينية ويأخذ الاراضي الفارغة ومصادر المياه الى الجهة القريبة من اسرائيل. في الوقت الذي يزداد بناء المستوطنات الاسرائيلية وتمتد على المزيد من الارض الفلسطينية.

يحاصر الجدار المدن الفلسطينية كما الحال في قلقيلية ويخترق بلدات كما في ابوديس ويقطعها عن ضواحيها. دمر الجدار الاراض وقطع الاسرائيليون الالاف من اشجار الزيتون لبنائه. وخلق الجدار صعوبة كبيرة للسكان الفلسطينيون حيث لم يعد التنقل مسئلة سهلة للوصول الى ارضهم ومدارسهم واماكن عملهم ومستشفياتهم وعائلاتهم.

في عام 2004 قالت محكمة العدل الدولية بان الجدار ليس قانوني وانه ينتهك الحقوق الفلسطينية. لكن اسرائيل مضت في البناء دون اكتراث.

Towards a Palestinian children's charter

The Separation Wall

Israel started to build the wall in 2002. They said it is for security but if you look at the map you see it is not on the border between Israel and the West Bank. It goes on to Palestinian land and takes the empty land and the water resources on to the side nearer Israel. Then more settlements are built on the extra land that they have taken.

The Wall goes right round some cities like Qalqilya, goes through towns like Abu Dis and it cuts areas off from their neighbours. The Wall damaged the land and the Israelis cut down thousands of olive trees to build it. It makes a mess of Palestinian life because it stops people getting to places they need to—their land, their work, hospitals, schools, family.

In 2004, the International Court of Justice said that the Wall is illegal and against Palestinian human rights, but Israel has gone on building it.

فصل عن القدس

هذة الصورة التقطت لي في استديو الاهرام في القدس. اخبرتني امي ان ابوديس كانت جزء من القدس وأنها كانت على مدار حياتها تذهب الى مركز مدينة القدس للتسوق والتعليم. كل نشاطها كان في القدس. كذلك اخبرتني انني ولدت في مستشفى في القدس.

ولكن عند بلوغي سن السادسه قامت اسرائيل ببناء جدار بين ابوديس والقدس ولم يتسنى لي الوصول الى المدينة سوى مرات معدودة عندما كان يسمح لامي بالحصول على تصريح لدخول القدس وعليه فانا لا اعرف شيء عن المدينة.

اتذكر اننا في رمضان وبعد الافطار كنا نتوجه الى القدس للصلاة مشيا على الاقدام حيث لم يكن يفصلنا عنها سوى من 10 الى 15 دقيقة مشي. اما اليوم فقد اصبح مستحيل عبور هذة المسافة للوصول الى المدينة. حيث يتوجب علينا ان بقطع اميال في الباص حول الجدار ومن خلال حواجز عسكرية يوقفنا الجنود الاسرائيليون ويدققون بتصاريحنا والتي بالعادة يصعب الحصول عليها.

مرح

Towards a Palestinian children's charter

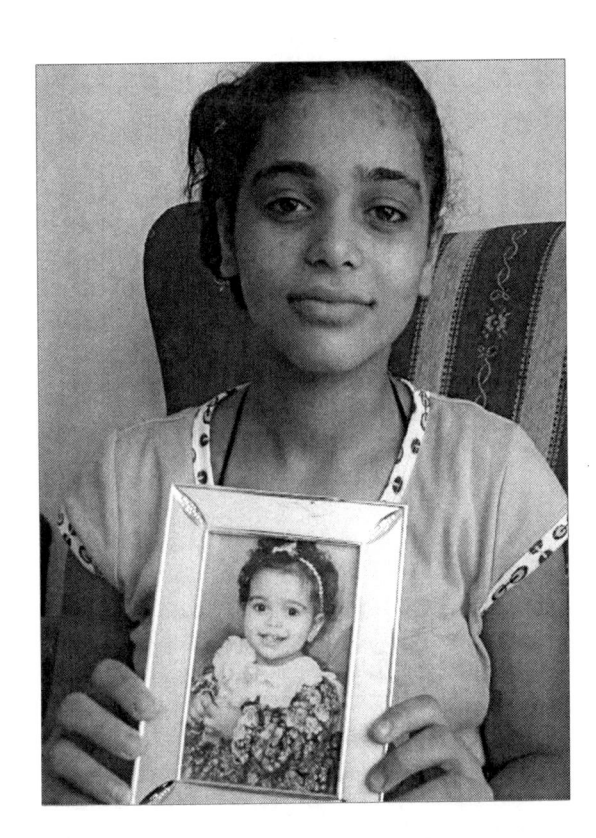

Cut off from Jerusalem

This picture of me when I was a baby was taken in Ahram Studio in Jerusalem. My mother tells me that all her life, Abu Dis was part of Jerusalem and she went into the middle of town all the time to shop and to study—all her activities were in Jerusalem. I was born in hospital in the middle of Jerusalem.

But since I was six the Israelis have put a wall between Abu Dis and Jerusalem and I have only been there a few times when my mother was able to get a permit. So I don't really know Jerusalem at all.

I remember when I was little in Ramadan after we broke the fast we used to walk to the Al Aqsa Mosque to pray. We used to take about 10 or 15 minutes to get there. Now it is such a long way, we have to get the bus miles round the Wall and through the checkpoint. The Israeli soldiers stop and check the bus. But usually we can't get a permit to go.

Marah

نحو وثيقة لحقوق الطفل الفلسطيني

للعائلة الحق في الحماية

لكل فرد حرية التنقل واختيار محل إقامته داخل حدود كل دولة.
المادة 13 من الاعلان العالمي لحقوق الانسان

الأسرة هي الوحدة الطبيعية الأساسية للمجتمع ولها حق التمتع بحماية المجتمع والدولة.
الفقرة 3 من المادة 16 للاعلان العالمي لحقوق الانسان

بعض ما كتب الاطفال الفلسطينيون

لدي الحق في التنقل بحرية في بلدي. لدي الحق في زيارة اقاربي

في فلسطين يوجد جدار وحواجز عسكرية. في فلسطين الناس الذين يحملون الهوية الخضراء لا يستطيعون زيارة اقاربهم في القدس والصلاة في المسجد الاقصى الا اذا حصلوا على تصريح وليس سهلاً الحصول على التصريح. في فلسطين الجدار فصل الناس عن بعضهم فلا يستطيع الفرد زيارة افراد اسرته.

لقد ولى الزمان الذي كان بامكاني ان ازور بيت جدي لقد حرموني من زيارتهم بسبب الجدار لم يفكروا بي ومدى تأثير هذا الجدار على حياتي. يقولون على الدوام ان هذا الجدار لحمايتهم وان هذة ارضهم مع انهم يدركون تماماً بانها ارضنا وانا واثق من اننا سنعيدها وسنسترجع حريتنا من جديد وسوف ازور بيت جدي مرة أخرى.

بطاقات الهوية والجدار

كل فلسطيني يتجاوز سن السادسة عشر عليه ان يحمل بطاقة هوية معه في كل الوقت, لون بطاقة الهوية يحدد اين يمكن حاملها التنقل. الناس الذين يحملون الهوية الخضراء يستطيعون فقط التنقل داخل الضفة الغربية لا يمكن ان يذهبوا الى القدس. بينما يستطيع حملت الهوية الزرقاء الوصول الى القدس. العديد من العائلات تم قطع اوصالها بسبب الهوية. اذا كان احد افراد العائلة يحمل الهوية الخضراء والاخر يحمل الهوية الزرقاء لا يستطيعون العيش سوياً في بيت في القدس.

أنا طفلة من الكثير من اطفال فلسطين الذين يعيشون مع والدين يحمل كل منهم بطاقة هوية مختلفة وعندما ساصبح في سن السادسة عشر ساحمل مثل ابي هوية خضراء ولن اتمكن من زيارة جدي وجدتي في القدس.

مجد

Towards a Palestinian children's charter

The right for families to be protected

Everyone has the right to freedom of movement and residence within the borders of each State.
UDHR Article 13

The family is the natural and fundamental group unit of society and is entitled to protection by society and the State.
UDHR Article 16-3

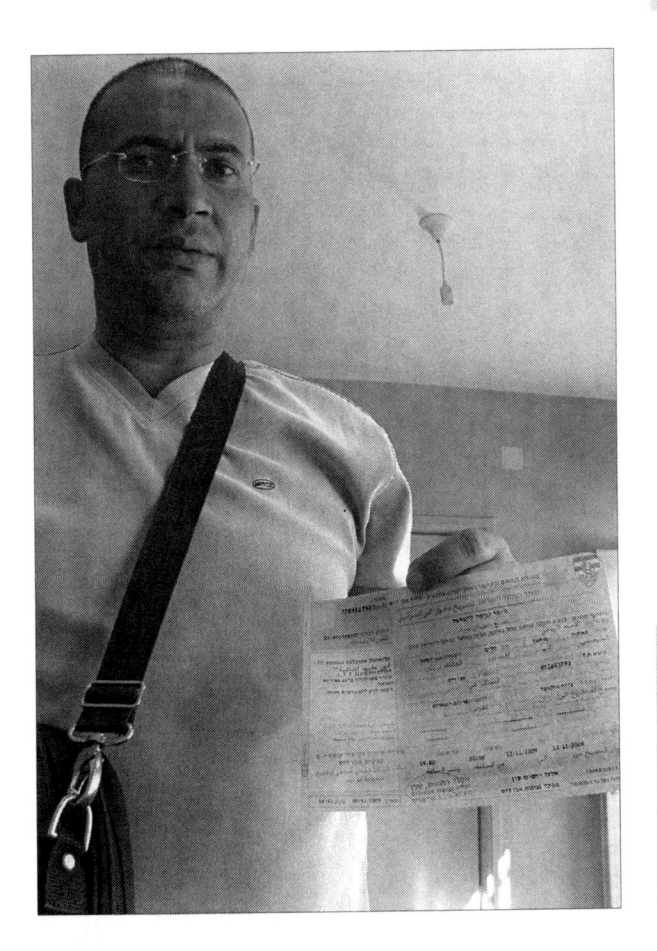

The Palestinian children wrote:

I have the right to move freely between the cities. I have the right to see my relatives and visit them.

But in Palestine there are a Wall and checkpoints. In Palestine, many people who hold the green ID can't visit their relatives in Jerusalem or pray in Al Aqsa Mosque unless they get permissions which are not given to everybody. In Palestine, the Wall divides the families from each other and you can't see your family members.

The time when I used to visit my grandmother has gone. They cut me off because of building a wall to secure themselves. They did not think about my life or my family's life. They keep saying that it is their land, while all of them know that it's ours, and I know there will come a time when we will have back our freedom and I will have the right to visit my grandmother again.

IDs and the Wall

Everyone in Palestine over the age of 16 years has to have an ID card with them all the time. The colour of the ID card controls where they can travel. People with green ID cards can only travel in the West Bank. They cannot go from the West Bank to Jerusalem. Palestinians with Blue ID cards are the only ones who can travel to Jerusalem. Many families are divided because of the ID cards. If one member of the family has a green ID card and another has green ID they cannot live together in the same house in Jerusalem.

I am one of the girls who has a mother who has a blue ID and a father who has a green ID. When I'm 16 I have to have a green ID. My ID will be like my father's—green. My grandparents are in Jerusalem. I won't be able to go and see my grandparents any more.

Majd

الحق في الملبس والمسكن

لكل شخص الحق في مستوى من المعيشة كاف للمحافظة على الصحة والرفاهية له ولأسرته، ويتضمن ذلك التغذية والملبس والمسكن والعناية الطبية.

البند الاول من المادة 25 للاعلان العالمي لحقوق الانسان.

لدى الطفل الحق في الملبس والمسكن والحصول على الرعاية الصحية المناسبة. في فلسطين لا نستطيع ضمان ذلك. صحيح لدينا ملابس لكن هناك العديد من الناس ممن دمرت منازلهم من قبل اسرائيل ولم يجد اطفال هذة الاسر اي مأوى، كذلك فان الرعاية الصحية ليست جيدة بحكم ان المستشفيات موجودة في القدس وطبعا هناك جدار بيننا وبين القدس وعليه فانه يصعب الوصول الى المستشفى. وحتى في طريقنا الى رام الله هناك حواجز اسرائيلية وقد تنتظر لساعات حتى تتمكن من العبور.

محمد

لا يجب ان يدفع الاطفال للعيش في الشوارع. لكل طفل الحق في ان يعيش في بيت. لكن هناك العديد من اطفال فلسطين لا يجدون المسكن المناسب بسبب الحروب التي تشنها اسرائيل وبسبب القصف الاسرائيلي للمنازل وتدميرها مما يجعلهم مشردين وبدون مأوى. حياتنا ستكون افضل بكثير ولن يكون هناك اي طفل في الشارع لو لم يكن هناك احتلال.

ابراهيم

كل حقوق الانسان مهمة ونحن في فلسطين نفتقدها. ان يحمى الاطفال من العنف الاسرائيلي. وان يعيشوا في بيئة نظيفة. وان يشربوا مياة نظيفة. وان يكون لهم الحق في اللعب في اماكن آمنه. لدى الاطفال الحق بان لا يتعرضوا للضغط. ولديهم الحق في ان يسمع صوتهم في القضايا التي تتعلق بهم. هناك سبب واحد باننا لا نحصل على هذة الحقوق هو وجود الاحتلال الاسرائيلي. لدى الطفل الحق في الملبس والمسكن والحصول على الرعاية الصحية المناسبة. في فلسطين لا نستطيع ضمان ذلك. صحيح لدينا ملابس لكن هناك العديد من الناس ممن دمرت منازلهم من قبل اسرائيل ولم يجد اطفال هذة الاسر اي مأوى. كذلك فان الرعاية الصحية ليست جيدة بحكم ان المستشفيات موجودة في القدس وطبعا هناك جدار بيننا وبين القدس وعليه فانه يصعب الوصول الى المستشفى. وحتى في طريقنا الى رام الله هناك حواجز اسرائيلية وقد تنتظر لساعات حتى تتمكن من العبور.

مجد

Towards a Palestinian children's charter

Right to clothing and housing

Everyone has the right to a standard of living adequate for the health and well-being of himself and of his family, including food, clothing, housing.
UDHR Article 25-1

A child has the right to clothing, housing and health care. In Palestine, we can not guarantee these rights. We do have clothing but some people have their houses destroyed by Israel and so children don't have a proper life. And the health care also is not good because the main hospitals that are supposed to give this service to the people in Abu Dis are in Jerusalem, and of course there is a Wall between Jerusalem and Abu Dis and because of that it is very hard to reach the hospital, and even if you go to Ramallah you need an hour to reach hospital without considering the checkpoints.

Mohammed

No child must be forced to live in the street. Each child has the right to have a home to go to. But there are many Palestinian children who do not have houses because of the situation and the war, after the Israeli tanks destroyed their houses and made them homeless. Our life could be much better, and there would never be any child in the street if there was no occupation.

Ibrahim

All these rights are important and the Palestinian people miss them but mostly children have the right to protection from all the violence; they have the right to live in a clean environment and to drink clean water; they have the right to play and have suitable places for play; they have the right to be protected from being put under pressure; they have the right to be listened to in relation to all the things that connect to them and their affairs. There is one reason which does not allow us to have all these rights, which is the Israeli occupation.

Majd

نحو وثيقة لحقوق الطفل الفلسطيني

طفل بدوي قامت السلطات الاسرائيلية بهدم منزلة بالقرب من ابوديس في 2009، في الخلفية تظهر مستوطنة معالي أدوميم الاسرائيلية

A Bedouin baby whose home near Abu Dis was destroyed by the Israeli authorities in 2009. The Israeli settlement of Maale Adumim is in the background

نزار (في الصورة مع والده) كان يعيش مع عائلته في أبوديس في بيتهم على ارضهم في الجهة الغربية من الجدار الاسرائيلي. نزار 11 عام واحد من خمس اشقاء في العام 2009 عندما تم هدم منزلهم من قبل الجرفات الاسرائيلية .وقد تركت العائلة لتعيش في خيمه

تدمير المنازل الفلسطينية في الضفة الغربية

آلاف المنازل الفلسطينية تم تدميرها من قبل القوات الاسرائيلية منذ العام 1967. يحصل هذا بالعادة في الاجتياحات العسكرية مثل ما حصل في (مركز مدينة نابلس ومخيم جنين الذي سوي مع الارض في العام 2002) كعقوبات جماعية، كذلك كعقابات فردية او بسبب ان الفلسطينيون ليس لهم الحق في التوسع العمراني الطبيعي.

ناهيك عن الدعم الكبير الذي تحظى به المستوطنات الاسرائيلية في الضفة الغربية، حيث تبنى الان الالاف من الوحدات السكنية الجديدة داخل هذة المستوطنات والتشجيع الكبير الذي تقدمه الحكومات الاسرائيلية للدفع بالمستوطنين الى الضفة الغربية من خلال تخفيض الضرائب واعطاء القروض.

Towards a Palestinian children's charter

Demolitions of Palestinian houses in the West Bank

Thousands of Palestinian homes have been destroyed by Israeli forces since 1967. This has happened in military attacks (areas in the centre of Nablus and in Jenin Camp were flattened in 2002), as an individual punishment or because growth in Palestinian housing is not allowed. This is a big contrast to the support given to the Israeli settlements on the West Bank, where thousands of new housing units are being built and Israelis encouraged to move in through tax breaks and subsidies.

Nizar (here with his father) lived with his family from Abu Dis in a house on their land on the west of the Israeli Wall. Nizar was 11 in 2009 and one of 5 children, when their house was demolished by Israeli bulldozers and they were left to live in a tent.

الدمار والحصار على قطاع غزة

قامت اسرائيل باخلاء المستوطنين الاسرائيليين من قطاع غزة في عام 2005 وحافظ الجيش الاسرائيلي على النقاط والقواعد العسكرية. منذ ذلك الوقت عانى الفلسطينيون من اعتداءات متكررة من قبل القوات الاسرائيلية. وقد ادان تقرير جولد ستون الهجوم الذي قامت به اسرائيل على قطاع غزة في شهر كانون اول 2008 الى كانون ثاني 2009 والذي خلف اكثر من 1,300 قتيلاً والعديد من الجرحى والمشردين. لم يكن من السهل اعادة ترميم واعادة بناء البيوت والمدارس والمستشفيات التي تم هدمها على اعتبار ان اسرائيل لازالت تشدد الحصار على القطاع وتمنع ادخال مواد البناء كالاسمنت اليه.

هذة المجسمات تم صنعها من قبل الاطفال الفلسطينيين في الضفة الغربية حيث توضح فزعهم مما حصل في قطاع غزة خلال الهجوم الاسرائيلي في شهر كانون ثاني 2009

Towards a Palestinian children's charter

Destruction and siege of the Gaza Strip

Israel moved its settlers from the Gaza Strip in 2005, but stayed in military control of the area. Since that time, Palestinian people there have suffered many attacks by Israeli forces. The UN Goldstone Report has condemned the massive attacks in December 2008 to January 2009 during which 1,300 Palestinians were killed and many more injured and made homeless. It has been very hard to repair the houses, schools and hospitals that were damaged, as Israel is keeping Gaza under siege and has prevented the import of building materials such as cement.

Models made by Palestinian children in the West Bank, showing their horror at what happened to children in Gaza during the Israeli attacks in January 2009

الحق في رعاية صحية

لكل شخص الحق في مستوى من المعيشة كاف للمحافظة على الصحة والرفاهية له ولأسرته، ويتضمن ذلك ..... والعناية الطبية.
البند 1 من المادة 25 للاعلان العالمي لحقوق الانسان

لكل فرد حرية التنقل واختيار محل اقامته داخل حدود كل دولة
المادة 13 من الاعلان العالمي لحقوق الانسان

بعض ما كتبه الاطفال من فلسطين

لدي الحق في الحصول على رعاية صحية مناسبة في فلسطين لا نستطيع الذهاب الى المستشفى بسبب الاجراءات الارهابية الاسرائيلية.

لدي الحق في الحصول على رعاية صحية مناسبة والذهاب الى المستشفى في

فلسطين ليس لدينا الخدمات الصحية المناسبة لان اسرائيل قطعتنا عن المستشفيات وهناك نقص كبير في الادوية والمستلزمات الطبية.

قصص من الاطفال

عاد عمي ايوب الى بيته بعد ان كان يلعب معنا في بيتنا وبعد لحظات جاءت زوجته تصرخ بان شيء غريب حصل له وعند وصولنا الى البيت وجدنا ايوب وقد انهار تماما فقد تعرض الى سكته قلبية. اتصلنا بالاسعاف لارساله الى المستشفى. كان على الاسعاف الوصول الى القدس حيث مستشفى المقاصد وفي الطريق تم ايقاف الاسعاف على حاجز عسكري اسرائيلي ولم يسمحوا له بالدخول الى القدس اوقفوا الاسعاف لمدة ساعتين ولم يسمحوا له بالمرور الا بعد ان مات عمي ايوب.

آدم

ذهبت ابنة عمي عفاف الى الحاجز العسكري المقام على الجدار في الطريق الى القدس وهي في حالة مخاض في طريقها الى مستشفى المقاصد في القدس ولم يسمح لها الجنود الاسرائيليون المرور الى القدس فانجبت طفلتها على الحاجز

سجى

Towards a Palestinian children's charter

The right to health care

Everyone has the right to a standard of living adequate for the health and well-being of himself and of his family, including ... medical care...
UDHR Article 25-1

Everyone has the right to freedom of movement ... within the borders of each State
UDHR Article 13

The Palestinian children wrote:

I have the right to have suitable health care. In Palestine, we can't have such a thing because we can't go to the hospital because of the terror acts which the Israelis do in Palestine.

I have the right to have health treatment and to go to the hospital. In Palestine, we don't have suitable health services because Israel has cut off the hospitals and there is also a problem with medicine and other health services.

Children's stories

My uncle Ayoub was with us in our house playing with us. He went home. Later on his wife came to my house shouting that there was a problem with Ayoub. He had collapsed. He had had a heart attack. They called an ambulance to take him to hospital. It had to go through the checkpoint to get to Jerusalem. At the checkpoint the Israeli soldiers stopped the ambulance and they didn't want to let it through. They kept it there for two hours. They let the ambulance go after my uncle had died.

Adam

My cousin Afaf went to the checkpoint to go to the hospital to have a baby. The soldiers refused to allow her to go to the hospital. She had her baby at the checkpoint in front of everybody.

Saja

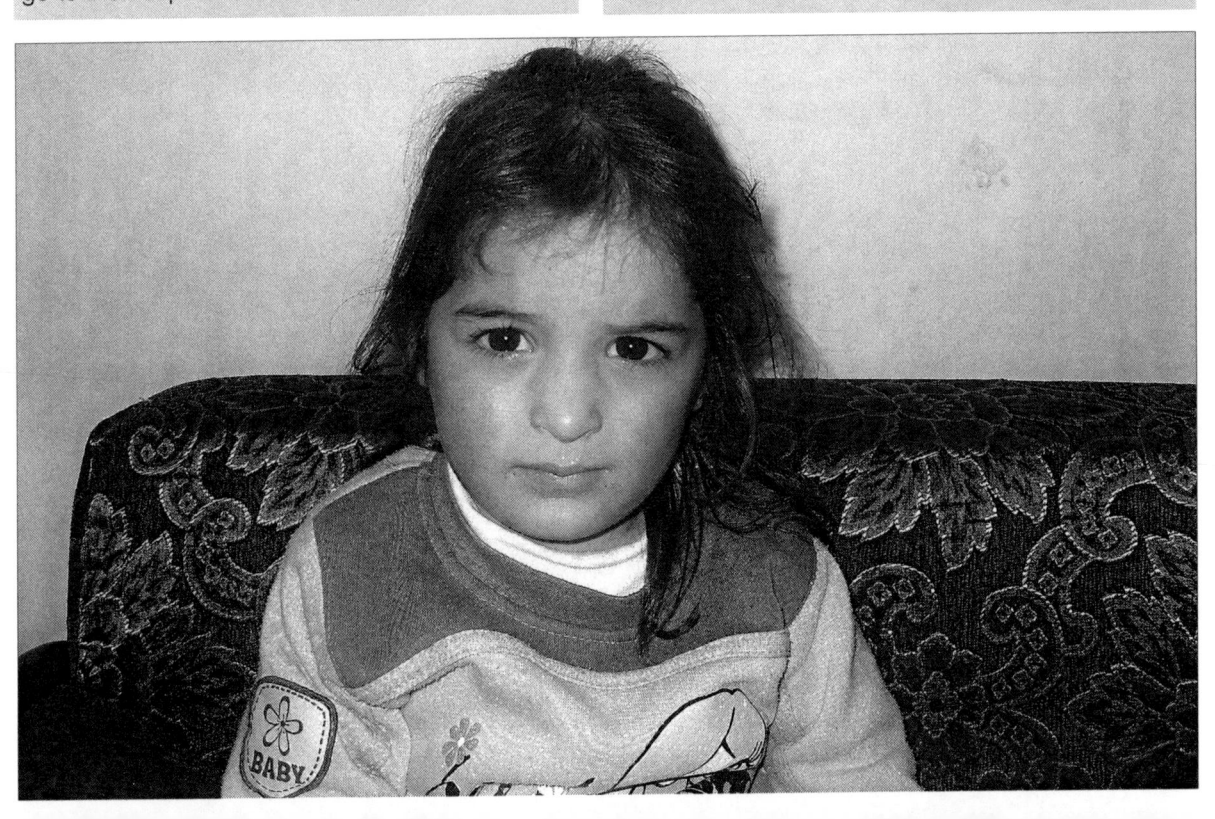

الحق في التعليم

لكل شخص الحق في التعلم في التعلم يجب أن تهدف التربية إلى إنماء شخصية الإنسان إنماء كاملاً، وإلى تعزيز احترام الإنسان والحريات الأساسية
البند 1 من المادة 26 للاعلان العالمي لحقوق الانسان

بعض ما قاله الاطفال من فلسطين

لدي الحق في الحصول على تعليم مناسب

يمكن اخذ انطباع بان التعليم في فلسطين ليس جيداً بما يكفي وذلك لصعوبة الوضع وللاجراءات الاسرائيلية حيث تتعرض المدارس والجامعات للاغلاق وتنصب الحواجز على الطرق المؤدية اليها وعلى بواباتها وتقتحم المدارس ويتعرض الطلاب للضرب والاهانة كذلك فقد قطع الجدار الاسرائيلي الطلاب عن مدارسهم في القدس. نحن نطالب الناس في اوروبا وفي العالم بان ينشروا قصص معاناتنا وان يشرحوا صعوبة الحياة التي نعيشها تحت الاحتلال

آدم

قصص من الاطفال

في مدرسة ابوديس الثانوية للذكور نتعرض دائما لمداهمات الجيش الاسرائيلي ففي شباط من عام ٢٠٠٧ قام جنود اسرائيليون باقتحام صفوفنا الدراسية والاعتداء بالضرب على الطلاب وقد اصيب العديد من الطلاب بجروح

محمد

كان دخل الله من الطلاب المتفوقين في دراسته في مدرسة ابوديس الثانوية للذكور وقد حصل عند انهائه لامتحانات التوجيهي على منحة للدراسة المجانية في جامعة القدس في ابوديس ولكن في شهر آب وقبل بدأ العام الدراشي في الجامعة قام جنود اسرائيليون بالاعتداء على دخل الله بالضرب في الشارع الرئيسي في ابوديس وعند محاولت بعض المارة مساعدته قام الجنود بضربهم ايضاً لقد تم ضرب دخل الله واعتقاله وكسر الجنود نظارته بعد وصوله الى المعتقل اجبر تحت الضرب على التوقيع على اعترافات بانه كان يلقي الحجارة على الجنود رغم انكاره ورغم أن جميع الشهود افادوا بان دخل الله طالب متفوق ومهتم بدراسته ولم يلقي حجارة لكن الاسرائيليون وضعوه في الاسر لمدة اربعة اشهر مما افقده اللتحاق ببداية العام الدراسي في الجامعة.

Towards a Palestinian children's charter

The right to education

Everyone has the right to education.... Education shall be directed to the full development of the human personality and to the strengthening of respect for human rights and fundamental freedoms.
UDHR Article 26-1

The Palestinian children wrote:

I have the right to have a proper education.

You can have an idea about the education in Palestine, that it's not brilliant because students can't reach their schools, specially the schools which are now behind the Wall, and many schools have been attacked by Israeli soldiers. In Palestine, the occupation are always closing schools and universities.

Adam

Children's stories

Soldiers have invaded my school, Abu Dis Boys School. Once in February 2007, soldiers came in and started beating the boys with wooden sticks. Some of them were very badly hurt.

Mohammed

Dakhlalah was the best student in Abu Dis Boys' School and he was very proud to win a scholarship to Al Quds University in Abu Dis. In August before the University started, Israeli soldiers met him at the crossroads in Abu Dis and started to beat him, so badly that people who were passing tried to stop the soldiers but they were hurt themselves. He was beaten and arrested by the soldiers and his glasses were broken. He was forced to sign a confession that he had been throwing stones. He says he didn't throw stones and everyone says he is a studious boy who doesn't do that sort of thing. But the Israelis held him in prison for four months, and he missed the start of university.

الحق في اللعب

يجب أن تتاح للطفل فرصة كاملة أن تتاح للطفل فرصة كاملة للعب واللهو، اللذين يجب أن يوجها نحو أهداف التعليم ذاتها.
النبد 3 من المادة 7 للاعلان العالمي لحقوق الطفل

بعض ما قاله الاطفال من فلسطين

لدي الحق باللعب لدي الحق في ان اجد اماكن العب فيها وبيئة مناسبة لذلك في فلسطين لا يوجد اماكن آمنة للعب لان الجنود الاسرائيليون في كل مكان وقد تركوا مخلفات الحرب في الاماكن التي من الممكن ان نلعب فيها.

لدي الحق في اللعب في حدائق جميلة وان ازور البحر كما يفعل الناس في كل مكان في فلسطين استولى الاسرائيليون على كل الاماكن الجميلة ولم يعد بامكاننا ان نصلها.

احمد طفل في الثامنة من عمره خلال الصيف الماضي كان معتاد على الخروج واللعب مع اصدقائه في احد الايام كان يلعب مع اصدقائه قرب المنزل وبالطبيعي اتسخت يداه. حضر الى المكان جنود اسرائيليون واتهموه بانه كان يرشق الحجارة عليهم قاموا باحتجازه بدون معرفة اهله حيث ان يداه المتسختان كانتا دليل لدى الجيش على انه كان يرشق الحجارة استمر احتجاز احمد لبعض الوقت ومن ثم اطلق سراحه ليعود الى بيته خائفاً وهو الان لا يجرؤ على مغادرة بيته لوحده لانه يخاف من الجنود ويرفض حتى التوجه الى الدكان القريب ليشتري اشياء لامه.

Towards a Palestinian children's charter

The right to play

The child shall have full opportunity for play and recreation
DRC Article 7–3

The Palestinian children wrote:

I have the right to play—I have the right to find places where I can play and a suitable atmosphere for me to play.

In Palestine, there are no safe places for Palestinians where we can play away from the soldiers or certain that there is no unexploded ordinance. Israelis have places where they can play.

I have the right to play in beautiful gardens and to see the sea just like other people in the world. In Palestine, the Israelis took over the beautiful places and the strategic places.

Ahmed was eight years old last summer. He used to go out and play with his friends. One day they were playing with marbles in the sand and his hands were dirty. Some Israeli soldiers stopped him near his house when he was on his own. They said that he had been throwing stones. They said his dirty hands proved it. They held him for some time before they let him go home. Now he is too scared to go out on his own and he won't even go to the shop to buy things for his mother.

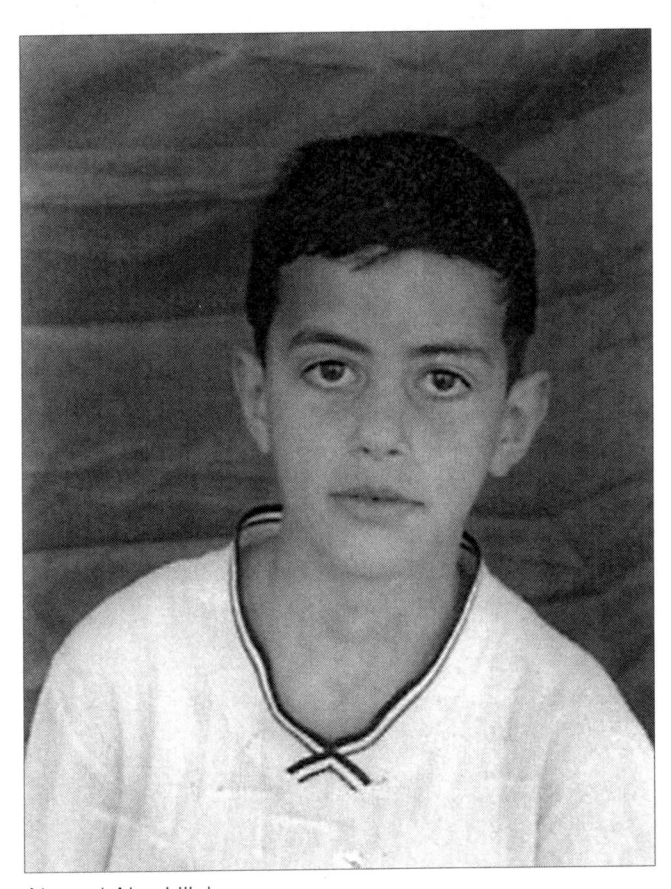

Ahmed Abu Hilal

المستوطنات

كما ترون من الخارطة المرفقة فالمستوطنات الغير شرعية منتشرة في الضفة الغربية وهي تتوسع لتأخذ المزيد من الاراضي الزراعية الفلسطينية. في العديد من البلدان الاستيطان هو شيء جيد ولكن في فلسطين هي مدن بنيت على اراضي زراعية تابعة للفلسطينيون ويبنون عليها بيوت فقط للمستوطنين الاسرائيليون.

يبني الجيش الاسرائيلي لاسباب امنية ابراج مراقبة عسكرية لمراقبة وحماية المستوطنين لا يريدون ان يدعوا فرصة للفلسطينيين للوصول او حتى رؤيت المستوطنين.

بلدة ابوديس هي بلدة فلسطينية صغيرة لكن هناك مستوطنات عدة بنيت على اراضيها مثل معالي ادوميم التي بنيت عام 1976 ومستوطنة كيدار التي بنيت عام 1985 والبلدة محاصرة ايضا بوجود الجدار العازل من الغرب ويمتد الى الشمال فيما تمتد المستوطنات الى الشرق.

اما في الجنوب فهناك حاجز عسكري اسرائيلي لنوضع في داخل سجن حقيقي.

سجى

شوارع وقوانين للمستوطنين فقط

المستوطنات هي شكل من اشكال التميز العنصري. الفلسطينيون لا يستطيعون العيش فيها. كذلك فقد بنى الاسرائيليون شوارع خاصة بالمستوطنين لا يستطيع الفلسطينيون عبورها. يحمل المستوطنون السلاح كل الوقت وهم تحت حماية الجيش الاسرائيلي كل الوقت. هناك قوانين خاصة تحكم وجودهم في مستوطناتهم تختلف عن القوانين العسكرية التي يحكم بها الفلسطينيون.

للمستوطن الحق في التصويت لاختيارممثليه في الحكومة التي تسيطر على الارض الفلسطينية ولا يحق للفلسطيني

التصويت لتغيير الوضع على الارض.

نحو وثيقة لحقوق الطفل الفلسطيني

الحق في عدم التعرض لاي شكل من اشكال التمييز

كل الناس سواسية أمام القانون ولهم الحق في التمتع بحماية متكافئة عنه دون أية تفرقة، كما أن لهم جميعا الحق في حماية متساوية ضد أي تميز يخل بهذا الإعلان وضد أي تحريض على تمييز كهذا.
المادة 7 للاعلان العالمي لحقوق الانسان

لا يجوز تجريد أحد من ملكه تعسفاً
البند 17 للاعلان العالمي لحقوق الانسان.

لا يحق لسلطة الاحتلال نقل مواطنيها إلى الأراضي التي احتلتها، أو القيام بأي إجراء يؤدي إلى التغيير الديمغرافي فيها
المادة 49 من معاهدت جنيف الرابعة

لكل فرد الحق في الاشتراك في إدارة الشؤون العامة لبلاده إما مباشرة وإما بواسطة ممثلين يختارون اختياراً حراً...
إن إرادة الشعب هي مصدر سلطة الحكومة
البنود 1,3 من المادة 21 من الاعلان العالمي لحقوق الانسان

التميز العنصري المنظم

في حالة الاحتلال العسكري هناك تميز واضح على كل المستويات بين الإسرائيليين (جنود ومستوطنين) والفلسطينيون الدين يعيشون في الضفة الغربية وقطاع غزة. لقد خلقت اسرائيل فروق بين الفلسطينيون انفسهم حيث اعطي الفلسطينيين الوان مختلفة من بطاقات الهوية - خضراء وزرقاء- ولكن يبقى التميز الحقيقي بين ما يحصل عليه الاسرائيليون كقوة احتلال والفلسطينيون كشعب محتل.

اسكانات منفصلة (للاسرائيليون فقط)

ان حقيقة بناء المستوطنات من اجل ان تكون لقومية واحدة قد ادخل فلسطين في دوامة التميز العنصري. اذا احتلت دولة اراضي دولة اخرى فليس لقوة الاحتلال الحق في مصادرة اراضي الدولة المحتلة من أجل بناء بيوت ومدن لشعبها. وليس قانونياً أن تقدم قوة الاحتلال على الزج بمواطنيها للعيش على الاراضي المحتلة.

على الرغم من ان القانون الدولي واضح بهذا الخصوص الا ان اسرائيل شرعت منذ العام 1967 على الاستيلاء على اراضي الفلسطينيون في الضفة الغربية واخذت تبني المستوطنات عليها. لقد امتلأت التلال الفلسطينية بالبلدات الاسرائيلية. وقد طالب المجتمع الدولي في العديد من المناسبات بوقف العمل بالمستوطنات ولكن اسرائيل رفضت الامتثال للشرعية الدولية واستمر بالعمل ويوجد اليوم حوالي نصف مليون مستوطن في الضفة الغربية.

Towards a Palestinian children's charter

The right not to be discriminated against

All are equal before the law and are entitled without any discrimination to equal protection of the law.
UDHR Article 7

No one shall be arbitrarily deprived of his property.
UDHR Article 17-2

An Occupying Power must not resettle its civilians on territory under its military control.
4th GC Article 49

Everyone has the right to take part in the government of his country, directly or through freely chosen representatives... The will of the people shall be the basis of the authority of government.
UDHR Article 21–1,3

Systematic discrimination

In the situation of military occupation, there is discrimination at all levels between Israelis (soldiers and settlers) and the Palestinians who live in the West Bank and Gaza. Israel has created further distinctions by giving Palestinians different coloured passes—blue and green—but the basic distinction remains Israeli (occupiers)/ Palestinians (occupied).

Separate housing

The Israeli settlements—which are built for one ethnic group of people—have brought discrimination deep into Palestine.

If a country occupies another country, it is not allowed to take away land from people to build housing for other people. It is not allowed to put its own people to live on that land.

However, Israel has been taking lots of Palestinian land and building towns ("settlements") since it occupied the West Bank in 1967, and the Palestinian hills are covered with expanding new Israeli towns. Israel is often told by the international community to stop building settlements but they have gone on building housing and providing loans, tax-cuts etc to encourage Israelis to move into the West Bank. There are now about a half million settlers living in the West Bank.

Separate roads, separate laws

The settlements are discriminatory. Palestinians cannot live there. The Israelis have even built roads only for settlers, that Palestinians cannot use. Settlers carry arms and they are protected by the Israeli military. They live under different laws from the Palestinians next door, for example they are judged under civilian law and the Palestinians under military law.

Settlers are given a right to vote for the government who controls the area but the Palestinians don't have any way of voting to change the situation.

Settlements

As you can see from the map there are many illegal settlements in the West Bank and these settlements are extended to take more agricultural lands from the Palestinian people. In many countries settlements are good things but here in Palestine, settlements are towns built on agricultural lands, for Israeli people. They are built on stolen lands and houses there are only for settlers.

For "safety reasons" solders build military watch tower to keep watching the settlement: they do not want anyone from Palestine to reach or even look at them!

Abu Dis is a small Palestinian suburb but there are a lot of settlements in it like for example Maale Adumim was built in 1976 and there is also Kidar which was built in 1985.

We are surrounded by the Israeli Wall which is built to the west and extends to the north and east. Also in the east are Maale Adumim and Kidar settlements. Then in the south is the Container checkpoint. This makes us prisoners in a cage.

Saja

للاطفال الحق بعدم التعرض للتمييز. لي الحق بان اكون مع عائلتي لكن اسرائيل سلبتني هذ الحق لاني فلسطيني. فقط للاسرائيليين الحق بان يكونوا مجتمعين وان يتنقلوا كيفما يريدون. بنت الحكومة الاسرائيلية الجدار ومنعتنا بان نذهب الى القدس اذا كان لدينا بطاقة هوية خضراء.
يزن

يعمل الاحتلال الاسرائيلي ومنذ العام ١٩٦٧ على طرد الفلسطينيين من مدينة القدس، الآلاف من الفلسطينين يجردوا من هوياتهم المقدسة سنويا. ويعمل المستوطنون حاليا على طرد الفلسطينيين من منازلهم والاستيلاء عليها.

في الوقت الحالي يتوافد الالاف من المستوطنين الاسرائيليون على الاحياء العربية في القدس الشرقية، يهدمون منازل ويبنون منازل اخرى للمستوطنين وهذا طبعا بتشجيع من الحكومة الاسرائيلية.

الطرد من القدس

هذا الطفل مع امه وباقي افراد عائلته يعيشون منذ شهور على رصيف الشارع المقابل لبيت العائلة. هذا البيت الذي اعطي للعائلة منذ العام ١٩٥٧ من الامم المتحدة. قام المستوطنون الاسرائيليون بطرد العائلة من منزلها والاستيلاء عليه في العام ٢٠٠٩ . فيما تقوم السلطات الاسرائيلية بمحاولات متكررة لطرد العائلة من المكان والعبث المتكرر بما تبقى من فراش وممتلكات العائلة.

Towards a Palestinian children's charter

Pushed out of Jerusalem

Children have the right not to be discriminated against. I have the right with my family but the Israeli occupation did not give this right to Palestinians—only Israeli people have this right. An example: the Israeli government built this Wall and stops you going to Jerusalem if you have a green ID.

Yazan

Palestinians have been pushed out of Jerusalem since the beginning of the Israeli occupation in 1967. Thousands of Palestinians a year have had their Jerusalem passes removed, and Israeli settlers are pushing Palestinians from their homes. This is increasing at the time that we write.

Meanwhile, thousands of Israeli settlers are moving into the Palestinian neighbourhoods of Jerusalem, demolishing houses and building new settlements. This is encouraged by the Israeli government.

This baby and the whole family have lived for months in the street opposite the house in Jerusalem that had been their family home since the UN gave it to them in 1957. Israeli settlers pushed them out in 2009, and the Israeli authorities have repeatedly tried to move them away by removing their blankets and belongings.

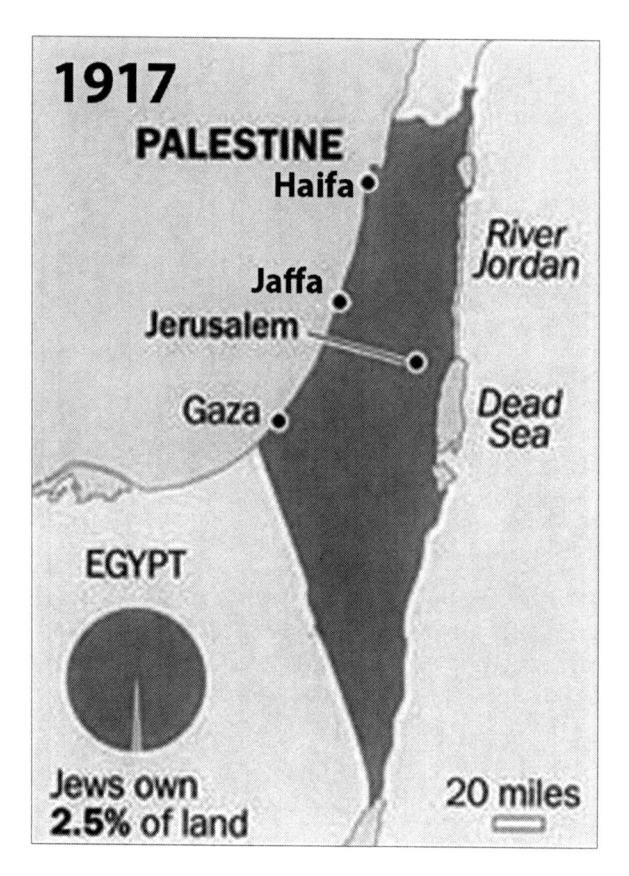

فلسطين وحقوق الإنسان

1917 PALESTINE
- Haifa
- Jaffa
- Jerusalem
- Gaza
- River Jordan
- Dead Sea
- EGYPT

Jews own **2.5%** of land

20 miles

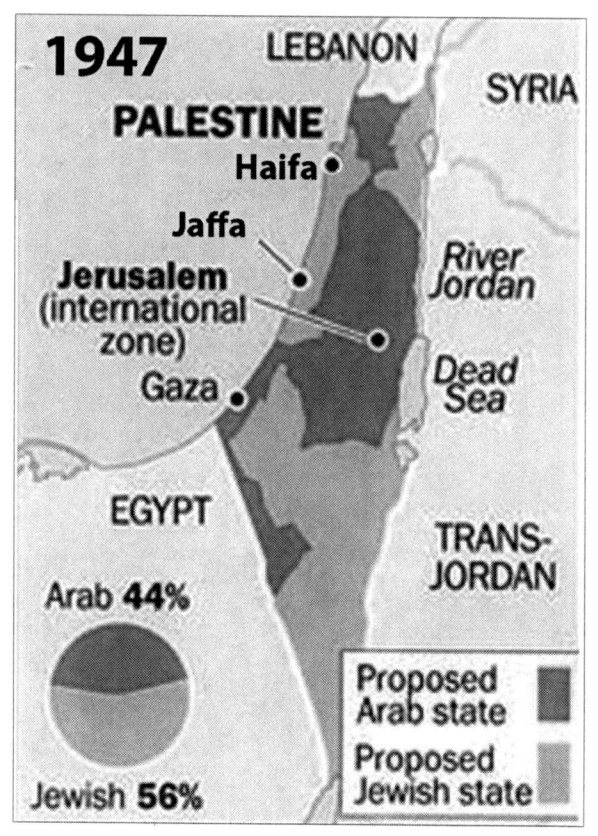

1947 PALESTINE
- LEBANON
- SYRIA
- Haifa
- Jaffa
- Jerusalem (international zone)
- Gaza
- River Jordan
- Dead Sea
- EGYPT
- TRANS-JORDAN

Arab **44%**
Jewish **56%**

Proposed Arab state
Proposed Jewish state

Palestine and human rights

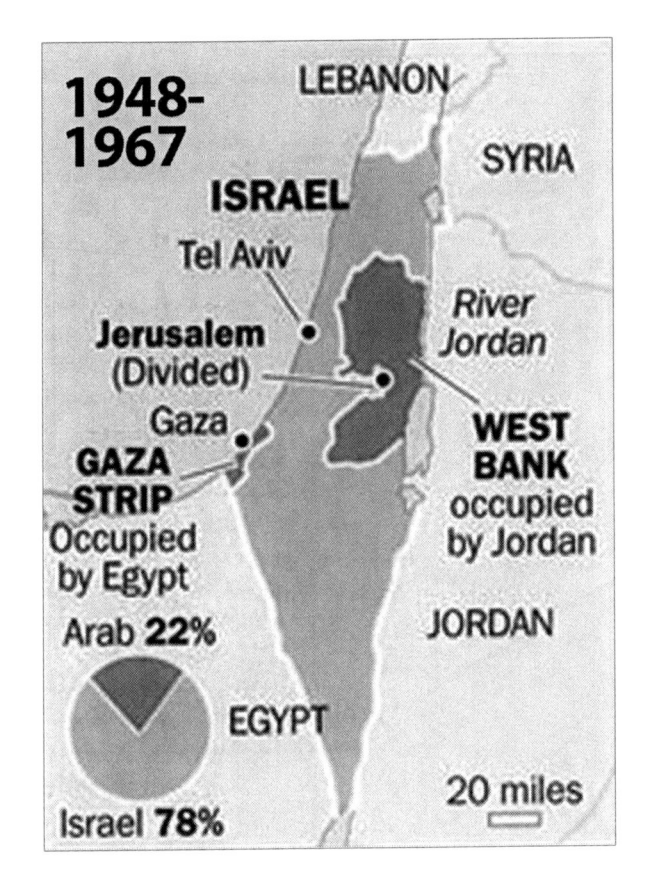

1948-1967

LEBANON
SYRIA
ISRAEL
Tel Aviv
Jerusalem (Divided)
Gaza
GAZA STRIP Occupied by Egypt
River Jordan
WEST BANK occupied by Jordan
JORDAN
EGYPT
Arab **22%**
Israel **78%**
20 miles

1967

LEBANON
SYRIA
Golan Heights occ. by Israel
ISRAEL
Tel Aviv
Jerusalem
Gaza
GAZA STRIP Occupied by Israel
River Jordan
WEST BANK Occupied by Israel
Sinai Occupied by Israel, later returned
20 miles

Since 1967, all of Palestine has been under Israeli control

الخرائط في الصفحة الماضية توضح تقلص الحصة في الأراضي التي تقع تحت السيطرة الفلسطينية.

في هذة الصفحة توضح الخرائط الوضع الشائك الذي خلقه الاحتلال الاسرائيلي على الارض في الضفة الغربية، حيث صادرت اسرائيل مساحات شاسعة من الاراضي لبناء المستوطات الاسرائيلية وبناء جدار الفصل.

يذكر انه تم تقسيم الضفة الغربية ومنذ العام 1993 الى مناطق A,B,C واعطي للشرطة الفلسطينية الحق في العمل فقط في المناطق المسمى (A).

فيما تم قطع الطرق التي تربط هذة المناطق بحواجز ومعابر اسرائيلية ثابته ومتنقله.

بالامكان الاطلاع على خرائط أخرى عن نفس الموضوع في موقع الامم المتحدة:
http://www.ochaopt.org/documents/Closure_Maps_Book_Web.pdf

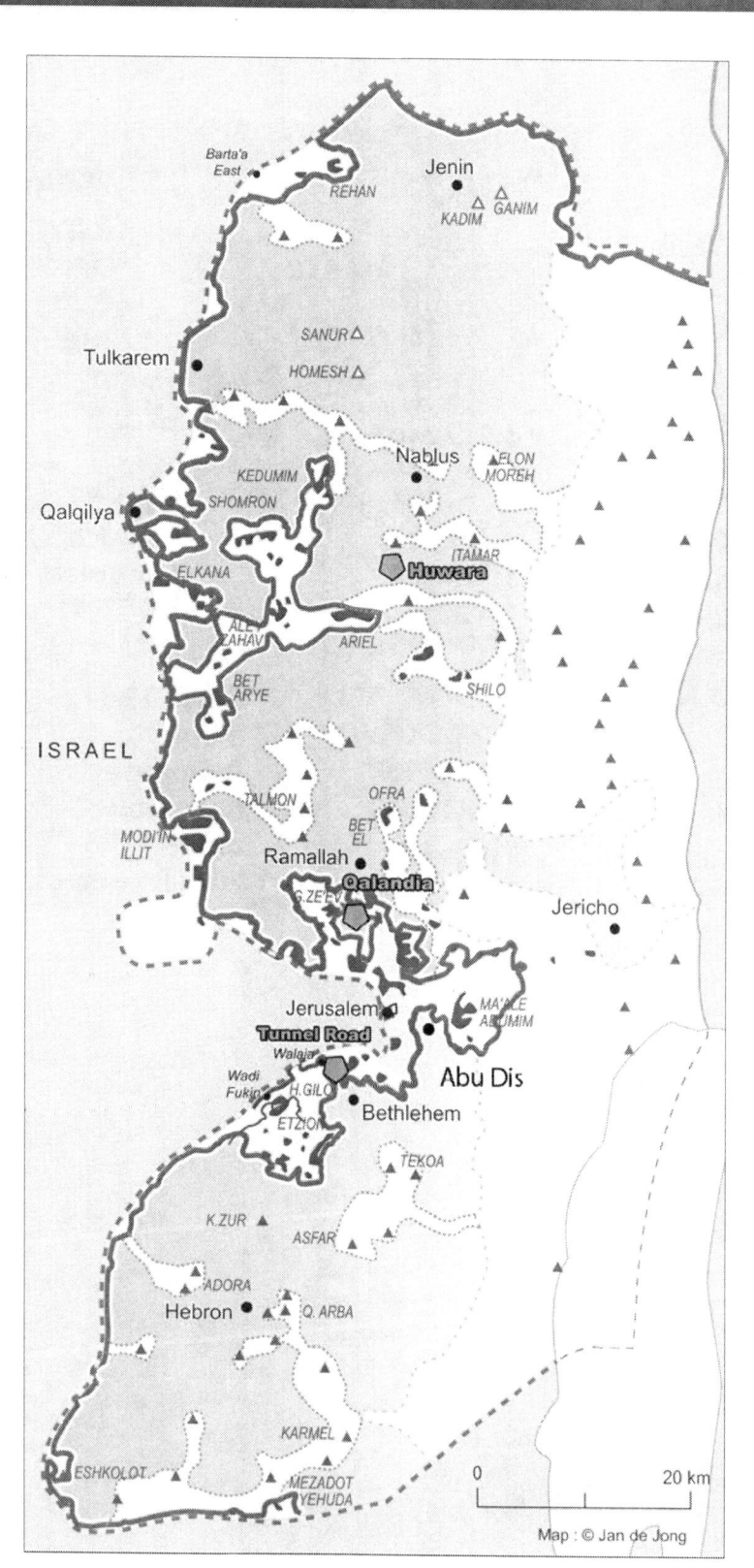

Palestine and human rights

2008

LEBANON
SYRIA
ISRAEL
Golan Heights (occ. by Israel)
Tel Aviv
Jerusalem
Gaza
GAZA STRIP occupied by Israel (settlements removed in 2005)
WEST BANK occupied by Israel
JORDAN

20 miles

The maps on the previous page show the shrinking area of Palestinian control.

The map on this page shows the complicated situation that the Israeli occupation has created on the ground in the West Bank, where Israel has taken large areas of land for settlements and to build the Separation Wall.

In addition, the West Bank has since 1993 been divided into areas A, B and C: only area A has Palestinian policing.

The roads in between are blocked in many places by permanent and temporary checkpoints.

You can see maps like this in more detail at the UN site: http://www.ochaopt.org/documents/Closure_Maps_Book_Web.pdf

مرة اخرى وعلى الرغم من معارضتها للقانون الدولي بدأ اسرائيل ببناء مستوطناتها داخل الضفة الغربية وقطاع غزة (حتى العام 2005 وجعل هذة المستوطنات فقط متاحة للاسرائيليون.

وقعت اتفاقية اوسلو بين الفلسطينيين والاسرائيليين في مطلع التسعينيات وتشكلت بناء عليها السلطة الوطنية الفلسطينية ولكن ايضا كانت تحت السيطرة الاسرائيلية. ودارت مفاوضات طويلة لم تتمخض عنها اي نتائج نهائية تتيح المجال لقيام دولة فلسطينية او تعيد اي اراضي تم احتلالها او على الاقل تحفظ المدنيين الفلسطينيين من العنف الاسرائيلي.

في عام 2002 بدأ اسرائيل ببناء جداراً فاصلاً داخل اراضي الضفة الغربية حيث لم يكن على الحدود التي تم اقرارها وفق اتفاقية الهدنة او ما صار يعرف بالخط الاخضر بين اراضي 1948 و 1967. لقد اقرت محكمة العدل الدولية في لاهاي عدم مشروعية بناء الجدار وبانه انتهاك صارخ لحقوق الانسان الفلسطيني لكن العمل بالجدار استمر.

التمييز العنصري

لقد سبب الاحتلال مشكلة كبيرة للفلسطينيين. حيث سنت قوانين للفصل بين الفلسطينيين والاسرائيليين وفصلت اماكن الاقامة والسكن. تم وضع منظومة قوانين عسكرية للتحكم بحياة الفلسطينيين لتحرمهم من ابسط حقوقهم الادمية فيما تمتع الاسرائيليين بالقوانين المدنية وكامل حقوقهم.

يقول البعض ان هذا الصراع شائك جداً ومعقد ولكن هل حقا هذة هي الحقيقة؟ في الوقت الذي يظهر جليا بان اسرائيل تحاول ان تدفع الفلسطينيين للرحيل والاستيلاء على اراضيهم من خلال انتهاك واضح لحقوقهم الاساسية وجعل حياتهم اكثر صعوبة.

اي كانت الحلول المقترحة للمسئلة الفلسطينيه فانها يجب ان تراعي وتحترم حقوق الانسان للجميع.

فلسطين وحقوق الانسان

فلسطين
نبذة تاريخية

لقد مضى على المسئلة الفلسطينية اكثر من مئة سنه. منذ ان قررت حركة صهيونية تم تأسيسها في نهاية القرن التاسع عشر في اوروبا بان تستولي على فلسطين وتحولها الى ارض لليهود. في ذلك الوقت فلسطين كانت تحت حكم الامبراطورية العثمانية.

التدخل البريطاني

وعدت بريطانيا الفلسطينيين والعرب بان تساعدهم على نيل حريتهم واستقلالهم اذا ثاروا على الاتراك وفي الوقت نفسه وعد الصهاينة بان تكون فلسطين وطنا قوميا لهم.

خلال الحرب العالمية الاولى استطاع البريطانيون وحلفائهم هزيمة الاتراك وحلفائهم. وبعد الحرب قررت بريطانيا وفرنسا تقسيم الشرق الاوسط بينهما حيث وقعت فلسطين ضمن الانتداب البريطاني. والتي اعطت بدورها الضوء الاخضر لليهود للهجرة الى فلسطين حيث بدأ صراع مرير على الارض الفلسطينية.

الهجرة الصهيونية

بعد الحرب العالمية الثانية وبعد ان عانى اليهود بشكل كبير في اوروبا اشتدت هجرتهم الى فلسطين وعزز الدعم للصهاينة من اوروبا واميركا. وعندما لم تتمكن بريطانيا من السيطرة على الصراع سلمت ملف قضية فلسطين الى الامم المتحدة.

التقسيم

عملت الامم المتحدة على تقسم فلسطين حيث اعطت اليهود نصف فلسطين وابقت النصف الاخر للفلسطينيين الذين رفضوا بدورهم التقسيم. انسحبت بريطانيا من فلسطين واندلعت حرب بين العرب والاسرائيليون ونتج عنها ان وقعت ثلاث ارباع فلسطين بين ايدي الصهاينة والذين اعلنوا قيام دولة اسرائيل. حيث دخل شعار الديانة اليهودية (نجمة داوود) كجزء من العلم الاسرائيلي لتعلن دولة اسرائيل كدولة لليهود.

الاجئين

في هذا الوقت تهجر اكثر من 750 الف فلسطيني عن ارضهم قراهم ومدنهم ولم يتمكنوا من العودة اليها حتى يومنا هذا على الرغم من كل القرارات الدولية الصادرة عن الامم المتحدة والداعية الى وجوب عودة اللاجئيين الفلسطينيين الى ارضهم. حتى اليوم يعيش هؤلاء اللاجئين في دول الجوار في الشرق الاوسط وفي كل دول العالم انتظارا للعودة الى بلادهم.

احتلال الضفة الغربية وقطاع غزة

ما تبقى للفلسطينيون بعد هذة الحرب هو جزء بسيط صار يعرف بالصفة الغربية وقطاع غزة. لكن بعد تسعة عشرة عاما وفي عام 1967 استطاعت اسرائيل الاستيلاء عليها بالاضافة الى اجزاء من سوريا هضبة الجولان واجزاء من مصر والاردن وعلى الرغم من عودة بعض الاراضي المحتلة في تلك الحرب الى الاردن ومصر الا ان من اهم نتائجها نزوح الالاف من الفلسطينيين من الضفة وغزة ليزداد عدد اللاجئين الفلسطينيين وتتعاظم مشكلتهم.

على الرغم من سيطرة اسرائيل على ما تبقى من فلسطين الا انها لم تمنح الفلسطينيين الذين وقعوا تحت الاحتلال عام 1967 اي امتيازات كمواطنين واخضعتهم لحكم عسكري فيما تم ضم القسم الشرقي من مدينة القدس الى دولة اسرائيل . واستمر الحكم العسكري الاسرائيلي للضفة الغربية وقطاع غزة منذ العام 1967 الى يومنا هذا.

Palestine and human rights

Palestine: A simple background

There has been a struggle over the land in Palestine for over a hundred years. At the end of the nineteenth century a movement called Zionism began in Europe. Zionists wanted to take Palestine to become a land for Jews. At that point, Palestine was ruled by the Turkish Ottoman Empire.

British involvement
The British became involved: they promised Palestinians and other Arabs help in gaining independence if they rose against the Turks. But they also promised the Zionists help in making Palestine a "national homeland for the Jews."

During the first world war, Britain and allies fought and beat the Turks and their allies. After the war, Britain and France divided the Middle East between them and Palestine came under the British Mandate. Zionist immigration continued and there were big struggles about the land.

Zionist immigration
After the second world war, when they had suffered badly in Europe, many more Jews came to Palestine and the Zionist movement was widely supported by Europe and America. The conflict over land continued and the British turned the issue over to the United Nations.

Partition
The UN produced a partition plan that gave half of the country to the Zionists and left half for the Palestinians, who were not happy.

The British pulled out; there was a war—and the Zionists took over three-quarters of the country and declared it was now called Israel. They included the Jewish religious symbol (star of David) on the flag and made this a country specifically for Jewish people.

Refugees
At this point, three-quarters of a million Palestinians were pushed from their villages and towns, and though international law and UN resolutions said they should be allowed back, they were not allowed to return. They and their descendants are still living across the Middle East and the rest of the world, wanting to return.

Occupation of the West Bank and Gaza
From 1948, the only parts of Palestine left for the Palestinians were areas that became known as the West Bank and Gaza Strip. After nineteen years, in 1967, Israel occupied both of these as well as part of Syria (Golan Heights) and part of Egypt—though that was later returned. Thousands more refugees left Palestine and were not allowed back.

Israel declared that East Jerusalem (part of this land) was now Israel, although they did not give its Palestinian residents full citizenship. But it did not annexe the West Bank or Gaza in the same way and put them under military rule. The military occupation in the West Bank and Gaza has continued since 1967.

However, and again against international law, Israel began to build huge numbers of settlements (new towns) on the West Bank and (until 2005) Gaza land, and to make these available only to Israelis.

At the beginning of the nineties, the Oslo Accords were signed between the Palestinians and the Israelis. This agreement created the Palestinian Authority to work in some areas of the West Bank and Gaza, but still under the control of Israel. The plan for a final resolution and the creation of a Palestinian state was not realized, and the Accords did not manage to return the occupied land or to give Palestinian people any protection from Israeli violations.

In 2002, Israel began to build a Separation Wall cutting deep into the West Bank—it is not on the 1948-1967 border. The International Court of Justice ruled that the Wall was illegal and violated Palestinian human rights, but building has continued.

Ethnic discrimination

The Israeli occupation has caused huge problems for ordinary Palestinian people. Palestinians and Israelis are divided by a system that gives the latter a whole separate system of living places, laws and civilian rights but subjects the Palestinians to human rights violations and harsh military laws.

Sometimes we are told that this conflict is very complicated—but is it, really? The powerful Israelis appear to want the Palestinian land without the Palestinian people—and pushing for this leads to many violations of Palestinian rights.

Whatever the solution of the problem turns out to be, it must include respect for the human rights of everybody.

20	أكثر من نصف اراضي الضفة الغربية تمت مصادرتها من قبل اسرائيل لصالح الجدار والاستيطان	X		
21	للفلسطينون الحق في التنقل اينما شاءوا في بلدهم كما تتنقل نحن في بريطانيا		X	هناك العديد من الامثلة في هذا الكتاب
22	في الضفة الغربية يتمتع الفلسطينيون والاسرائيليون بنفس الحقوق		X	هناك العديد من الامثلة في هذا كتاب اصوات من ابوديس
23	هناك قوانين خاصة واجراءات وجواجز عسكرية تتحكم بتحركات الفلسطينيين في بلدهم	X		هناك العديد من الامثلة في هذا كتاب اصوات من ابوديس
24	يعاني الشباب وتحديداً من هم تحت السن القانوني من مشاكل مع الجنود الإسرائيليون والعديد منهم يزجون في السجون	X		هناك العديد من الامثلة في هذا الكتاب
25	يستطيع الفلسطينيون التوجه الى المحاكم الاسرائيلية عند تعرضهم للعنف على ايدي الجنود الاسرائيليون والمستوطنين		X	من الصعب ان تفتح السلطات الاسرائيلية أي تحقيق. وتحتج جمعية صداقة كامدن ابوديس على الانتهاكات الاسرائيلية في ابوديس. ولكن في العادة لا تردنا أي اجوبة على ذلك وحتى عندما يكون هناك أي تحقيق فان القضية في العادة تغلق.
26	يوجد للفلسطينيون دولتهم وحدودهم		X	لا لا توجد لهم دولة على الرغم من انه تم انشاء السلطة الوطنية الفلسطينية في سنوات التسعينات لتعمل كسلطه محلية في بعض المحافظات الفلسطينية ولكنها لا تسيطر على كل فلسطين لا يمكن تسميتها بدوله

يمكن الحصول على معلومات اكثر عن أبوديس على موقعنا الالكتروني
www.camdenabudis.net

لدينا العديد من النشرات قد تكون مفيدة لك حول (اللاجئين والمستوطنات والجدار الفاصل)
كذلك نشرت الجمعية كتابين (أصوات من أبوديس والذي يتناول العديد من القضايا الحقوقية)
وكتاب الستة ايام الاولى عن حرب عام 1967

بامكانك التواصل معنا اذا كان لديك اي استفسار عن هذه القضية على
contact@camdenabudis.net

8	العديد من أهالي أبوديس لاجئين منذ العام 1967	X		اكثر من ثلثي اهالي ابوديس رحلوا الى الاردن في العام 1967 خلال الحرب. ولم تسمح لهم اسرائيل لهم بالعودة الى بلدهم (كتاب الستة ايام الاولى) لاسرائيل الحق حسب القانون الدولي الانساني ان تبني مستوطنات في الضفة الغربية.
9	احد المبادئ الاساسية لحقوق الانسان يعطي الحق للاجئين بالعودة الى ديارهم	X		
10	تبني اسرائيل مستوطنات (بلدات) على اراضي الفلسطينيين منذ العام 1967	X		
11	للجميع الحق في العيش في المستوطنات		X	لا لقد تم انشاء المستوطنات على اراضي فلسطينية وهي مخصصة لليهود الاسرائيليون ولا يسمح للفلسطينيين الاقتراب منها.
12	المستوطنات هي فقد للاسرائيليون ولا يحق للفلسطينيين الذهاب إليها	X		
13	لاسرائيل الحق في بناء الجدار الفاصل بالشكل الذي تم بناءه		X	وجدت المحكمة الدولية في العام 2004 ان الجدار الفاصل يمثل انتهاكاً لحقوق الانسان الفلسطيني
14	في العام 2002 بدات اسرائيل بناء جدار فاصل بين اسرائيل وفلسطين		X	لا فالجدار يدخل في اراضي الضفة الغربية.
15	الجدار بني من اجل ضم المزيد من الاراضي ومصادر المياه الى اسرائيل			هذا حقيقتاً ما يحدث من خلال الخرائط ومن خلال النتائج والتأثير
16	لقد رأت محكمة العدل الدولية في العام 2004 ان بناء جدار الفصل ضد حقوق الانسان الفلسطيني.	X		
17	الجدار هو من اجل اسباب امنية			هذا ما تدعيه اسرائيل ولكن ان كان هذا السبب لماذا لم تبني اسرائيل الجدار على الخط الاخضر بين اسرائيل والضفة الغربية؟ وهو يتوغل في اراضي الضفة الغربية ويصادر مساحات واسعة من الاراضي للجانب الاسرائيلي.
18	الجدار يشكل عائقاً كبيراً امام الناس في ابوديس فهو يقطعهم عن القدس والتي كانت تشكل عصب الحياة لهم وعليه فقد ادى بنائه الى فقدان العديد لوظائفهم واصدقائهم وعائلاتهم وحتى الوصول الى المستشفيات في القدس	X		
19	للعائلات الفلسطينية الحق في رؤية بعضهم والعيش مع بعضهم			المئات من العائلات من ضمنهم ازواج وزوجات منفصلين عن بعضهم بحيث يحمل كل منهم الوان مختلفة ولا يستطيعون العيش معاً

إجب بنعم إو لا: فلسطين
أجب بنعم أو لا مع اعطاء ملاحظات عن كل سؤال:

السؤال		نعم	لا	ملاحظات
1	تم الاتفاق على الاعلان العالمي لحقوق الانسان واقراره في العام 1967		X	1948
2	أبوديس بجانب القدس	X		
3	تم انشاء اسرائيل عام 1948 على اراضي فلسطين	X		
4	فلسطين ليست دولة حقيقية			يعتمد على قصدك (ا) من الناحية الحضارية ومن وجهت نظر الفلسطينيون هناك دولة تسمى فلسطين. (ب) كان هناك دولة تحت الانتداب البريطاني تسمى فلسطين كذلك فقد كان هناك طوابع فلسطينية وعملة فلسطينية. (ت) الفلسطينيون لم يتمكنوا من حكم انفسهم منذ 500 عام. (ث) في العام 1948 اختفت فلسطين عن الخارطة فيما اخذت اسرائيل الجزء الاكبر من فلسطين وتقاسم الاردن ومصر ادارة الباقي. (ج) اين تقع حدود فلسطين - هذة بحد ذاتها مشكلة لان اسرائيل استولت على 78٪ من اراضي فلسطين ولم تعلن حدودها كدولة - وقد عملت على بناء جدار داخل اراضي الضفة الغربية مع استمرار بناء المستوطنات في محاولة للاستيلاء على اكبر قدر ممكن من الاراضي. لذلك فان هناك شعب فلسطيني ينتمي الى وطن يسمى فلسطين
5	يشكل الفلسطينيين اكبر عدد **لاجئين في العالم**	X		**لقد رحلت امواج كبيرة جداً من الاجئين الفلسطينيين في العام 1947-1948 وتبعهم موجة اكبر من الاجئين في العام** 1967 **وقد استمرت معاناة اللاجئين وتم ابعاد العديد من الفلسطينيون ورفضت اسرائيل عودتهم.**
6	حسب القانون الدولي **فعلى اللاجئين الفلسطينيين أن يتوطنوا في البلدان التي لجئوا إليها**		X	**لا ليس هناك أي قانون حدد للاجئين الفلسطينيين وجهتهم او اين يقيمون ولكن منحت القوانين الدولية الحق للاجئين للعودة الى اوطانهم.**
7	كل سكان ابوديس هم لاجئين		X	**لا معظم اهالي ابوديس هم اهل البلد حيث ولد اجداهم في ابوديس وهناك كذلك كثير من الاجئين ممن تركوا اراضيهم في فلسطين 48 او ما اصبح يعرف باسرائيل.**

فلسطين وحقوق الانسان

فلسطين اجابات على الاسئلة في الصفحة 15

1 على خارطة الشرق الأوسط حاول إيجاد بلدة ابوديس. في أي دولة تقع؟

تقع ابوديس في ما أصبح يعرف بالضفة الغربية بعد العام 1948 وهي الجزء الشرقي من فلسطين. قد يكون صعب إيجاد فلسطين على الخارطة. على الرغم من انك ستجدها على أي خارطة للعالم صممت قبل الحرب العالمية الثانية. اليوم ستجد كلمة إسرائيل مكانها. والتي تم إنشائها على أراضي دولة فلسطين. قد تجد على بعض الخرائط الضفة الغربية وقطاع غزة بالوان مختلفة أو مميزة. هذة هي الأجزاء من فلسطين التي لم يتم الاستيلاء عليها في العام 1948. ولكن وعلى اعتبار أنها احتلت من قبل إسرائيل في العام 1967 هناك خرائط لا تميز هذة الأجزاء على الإطلاق.

2 تحت اية ادارة كانت ابوديس قبل مئة عام، سبعون عام، خمسون عام، وفي الوقت الحاضر؟

قبل 100 عام - 1909 - الحكم التركي
قبل 70 عام - 1939 - بريطانيا الانتداب البريطاني
قبل 50 عام - 1959 - الاردن حيث كانت الضفة الغربية تحت الحكم من قبل الاردن. فيما كان قطاع غزة يدار من قبل مصر. واصبح الجزء الاكبر (78٪) من فلسطين يسمى اسرائيل.
الان - 2009 - اسرائيل تحت الحكم العسكري الاسرائيلي منذ العام 1967

Palestine – answers to the questions on page 16

1 On a map of the Middle East work out where Abu Dis is. Which country is it in?

Abu Dis is in the part of Palestine that came to be called the West Bank in 1948.

You may find it difficult to find Palestine on the map, though you could find it on a map before the second world war. Now on the map you will probably see Israel, which was made on most of the old country of Palestine. Depending on the map, you may see the West Bank and Gaza Strip marked separately—these are the parts that were not taken by Israel in 1948. But as they were occupied by Israel in 1967, some maps don't mark these as separate at all.

See our maps on pages 76-79.

2 Who was in charge (who ruled) there a hundred years ago, seventy years ago, fifty years ago, and now?

100 years ago—1909: the Turks (Ottoman Empire)
70 years ago—1939: the British (British Mandate)
50 years ago—1959: Jordan. In 1948. the West Bank came under Jordanian control, the Gaza Strip under Egyptian control and the biggest part of Palestine (78%) was taken to become Israel.
Now—2009: Israel (Israeli military occupation from 1967).

3 Tick true or false or write a comment against each of these:

QUESTION	TRUE	FALSE	COMMENT
1 The Universal Declaration of Human Rights was signed in 1967		X	1948
2 Abu Dis is next to Jerusalem	X		
3 Israel was set up in 1948 on land that used to be Palestine	X		
4 Palestine is not a real country			It depends what you mean! a Culturally and in the minds of Palestinians, there is a country called Palestine b There was a country called Palestine under the British Mandate—and Palestinian stamps and coins etc c Palestinians haven't been allowed to rule themselves for 500 years d after 1948 the name disappeared from maps as Israel took over most of it, and Jordan and Eygpt the rest e Where are the borders? A problem, as Israel took 78% of old Palestine and hasn't declared its borders—it has built a wall INSIDE the West Bank, indicating a wish to take as much of the rest as possible—building settlements etc… So, it depends what you mean! There is a Palestinian people attached to a specific bit of land!
5 Palestinians make up the biggest refugee group in the world	X		Massive wave of refugees in 1947-8, then another big one in 1967, but the refugee issue has continued—many people have been deported or not allowed back
6 International law says that Palestinian refugees should settle where they are living now		X	No, there isn't a law that says where they should live! But they should have the right to return if they want to.
7 People in Abu Dis are all refugees		X	No—many have always come from Abu Dis, and their parents and parents' parents etc. But there are many refugees from the part of Palestine that became Israel…

Palestine and human rights

#	Statement	True	False	Comment
8	Lots of Abu Dis people are refugees from 1967	X		,,,and about two thirds of the people of Abu Dis crossed to Jordan to get away from the war in 1967, and Israel didn't allow them back. See "The First Six Days" book
9	It is a human right for refugees to be allowed to return home	X		
10	Israel has been building settlements (towns) on Palestinian land ever since 1967	X		
11	Anyone can live in a settlement		X	No—they have been built (on Palestinian land) for Jewish Israelis and Palestinians are not welcome there
12	Settlements are only for Israelis to live in and Palestinians are not allowed to go there	X		
13	It is OK under international law for Israel to build settlements on the West Bank		X	No; the International Court of Justice made it clear in 2004 that the wall contravenes the human rights of Palestinians
14	In 2002, Israel started to build a Wall on the border between Israel and Palestine		X	No; the Wall cuts deep into the West Bank
15	The Wall is to annexe more land and water for Israel			That's certainly what it looks like, from a map and from its effects
16	The International Court said that the Wall violates Palestinian human rights	X		
17	The Wall is for the security of Israel			That's what Israel says but then why don't they put it in the "green line" between Israel and the West Bank? It goes very deep into the West Bank, taking lots of land on to the Israeli side
18	The Wall makes life very difficult for people in Abu Dis: it cuts them away from Jerusalem and from jobs, hospitals and other services	X		
19	Palestinian families are free to live together and to see each other			Hundreds of families including husbands and wives are divided by their different colour passes, or by the Wall, and cannot live together
20	More than half the land in the West Bank has been taken away by Israel for settlements or the Wall	X		

21	Palestinians are free to go wherever they like in their own country in the way that we are in Britain		X	There are lots of examples in this book
22	Palestinians and Israelis live together with equal rights in the West Bank and Gaza		X	This is explained more in "Voices from Abu Dis"
23	There is a pass system and big checkpoints which stop Palestinian people from moving around	X		This is explained more in "Voices from Abu Dis"
24	Young Palestinians (specially boys) have a lot of problems with the Israeli army – Many are put in prison	X		There are lots of examples in this book
25	If Palestinians suffer from Israeli violence (from the army or from settlers), they can go to court		X	It is difficult and unlikely to get an investigation by the Israeli authorities. CADFA often protests at the violations in Abu Dis, for example—there is often no answer. If there is an investigation, it is often dropped
26	The Palestinians have a government in the same way that we do		X	No; they do not have a state, and the Palestinian Authority set up in the 1990s acts like a local authority in some districts of Palestine only, but it does not control a country called Palestine

You can find out more information about Abu Dis from the Camden Abu Dis website
www.camdenabudis.net

We have leaflets on some of the issues that may be helpful (including refugees, settlements, the Separation Wall)
And two books: "Voices from Abu Dis" (which concerns many of these issues),
and "The First Six Days" (about 1967)

If you have any questions about this issue, you are welcome to write to us at **contact@camdenabudis.net**

الحق في مغادرة بلدك والعودة اليها بأمان
الحق في التعليم
الحق في سماع رأيك لدى حكومة دولتك
الحق في عدم التعرض للسرقة

مخالف

محاكمة مجموعة من الناس بمحاكم مدنية ومجموعة اخرى بمحاكم عسكرية
تعطيل الدراسة من خلال الحواجز العسكرية والاغلاق والاعتقالات
اعتقال عدد كبير من الاطفال وعدم معاملتهم معاملة القاصر
شق شوارع خاصة لا يحق لاحد التنقل فيها الا لقومية او عرق معين
اعطاء مجموعة معينة من الناس للتصويت في انتخاب الحكومة التي تسيطر على الموقع الجغرافي، وتمنع مجموعة اخرى تعيش في نفس الموقع من نفس الحق.
بناء جدار فاصل بين المدن والبلدات في الاراضي المحتلة
مصادرة مساحات كبيرة من الاراضي المحتلة

نشاط: لماذا هي قضية حقوق انسان؟

قارن بين العمودين

الحق في عدم التعرض للاعتقال التعسفي، وهناك حق للاطفال في الحصول على حماية خاصة		منع أهالي ابوديس من الذهاب الى القدس
الحق في الحصول على عناية صحية		منع الناس من التوجه الى المستشفيات
الحق في الحياة، الحرية والسلامة البدنية		ضرب الاطفال داخل صفوفهم الدراسية
الحق في المسكن والحق للعائلة بالحصول على حماية خاصة	مخالف	منع زوج يحمل بطاقة هوية خضراء من العيش مع زوجته التي تحمل بطاقة هوية زرقاء
الحق في عدم التعرض للتعذيب		هدم منزل عائلة
الحق في عدم التعرض للاضطهاد		ضرب الاطفال حتى يوقعوا اعترافات كاذبة
الحق في التجول في بلدك		اعتقال طلاب المدارس واحتجازهم بدون محاكمة
الحق في الحياة بظل الاسرة		منع اللاجئين من العودة الى ديارهم
الحق في حرية الحركة		ضرب طلاب المدارس ومعاملة الناس بعنف
اتفاقية جنيف الرابعة		وضع حواجز عسكرية بين البلدات الفلسطينية واحتجاز الناس بشكل منظم على الحواجز
حق الاطفال في معاملتهم معاملة خاصة		بناء المستوطنات على الاراضي المحتلة

Palestine and human rights

Activity: why is it a human rights issue?

Match these together...

Stopping Abu Dis people going to Jerusalem		the right of freedom from arbitrary arrest, and the right of children to special protection
Blocking people from getting to their local hospitals		the right to health care
Beating children inside their schools		the right to life, liberty and security of person
Stopping a husband with a green ID from living with his wife with a blue ID	contravenes	
Bulldozing a family house		the right to housing, and the right of families to special protection
Beating boys till they sign false confessions		the right of freedom from torture
Arresting school boys and holding them with no trial		the right not to be discriminated against
Refusing to let refugees back to their own countries		the right to move around your country
Beating up, shooting and treating people violently		the right to family life
Putting checkpoints between Palestinian towns and holding people up on a regular basis		the right to freedom of movement
Building settlements on occupied land		the fourth Geneva convention
Giving one group of people civil trials and the other military courts		the right of children to special protection

Interrupting studies with checkpoints, closures and arrests		the right to leave your own country and to safely return to it
Taking large numbers of young people prisoner, and giving them no special care		the right to education
Building separate roads for separate ethnic groups		the right to have a say in your government
Giving one group of people the right to vote for the government that controls the area, but giving the other people no right to a say in what happens	contravenes	the right to not have your property taken from from you
Building a massive Wall through towns and villages in occupied land		
Confiscating large areas of land		

كما حدث في ١١ ايلول في امريكا وما حدث في لندن في ٧ تموز ٢٠٠٥. لم تجلب الحروب المدمرة في الشرق الاوسط السلام لاحد. وخلق جو من عدم الارتياح وعدم الشعور بالامن في بريطانيا. وفي الوقت الذي رفعت الجاهزية الامنية لم يعد الناس يشعرون بالامان. نشاهد اليوم رجال شرطة مسلحين في شوارع لندن. وتعاظمت اعداد المعتقلين وحالات الاعتقال وخاصة بعد التفجيرات في لندن. وقام رجال الشرطة باطلاق النار وقتل رجل بريء ظنا منهم انه ارهابي في محطة القطار.

خلال تواجد اطفال فلسطين في لندن

حاصرت الشرطة منزل واعتقلت اشخاص منه

اوقفت الشرطة مجموعة من الشباب الصوماليين لتفتيشهم بعد ايقافهم بجانب الحائط

المكان الوحيد الذي يمكن ان يتظاهر فيه الناس بدون اذن مسبق من الشرطه هي ساحة البرلمان

هناك رقابه على كل شيء فالكاميرات في الشوارع وبطاقات الهاتف والمواصلات ايضا مراقبة

كذلك فقد تحدث الاطفال المشاركون في مشروعنا من بريطانيا عن تجاربهم الشخصية في التوقيف والتفتيش من قبل الشرطة البريطانية. فهل ما يحدث يحمينا من الاضطهاد. وهل هناك مساواه في التعامل مع الجميع او هل يتمتع السود والقوميات الاخرى في البلد بنفس المعاملة من قبل رجال الشرطة؟

العديد من الناس في بريطانيا قلقون بان التعامل الحالي باسم الحرب ضد الارهاب يشكل عائقا لبعض الحقوق التي يتمتع بها الناس في بريطانيا مثل الحق في التعبير والحق في الحفاظ على الخصوصية والحق في الحصول على محاكمة عادلة. وكل هذا مبرر في ما يسمى الحرب على الارهاب. صحيح ان الاطفال في بريطانيا يعيشون مساحة اكبر من الحرية من اطفال فلسطين. لكن الاحداث تثبت ان العالم في طريقة لان يكون متشابه. وكما ورط الغرب نفسه في قضايا الشرق الاوسط فان هذة القضايا ستلاحق الناس في الغرب.

بريطانيا وفلسطين
كل ما تقدم يربط البريطانيون بالقضية الفلسطينية من ثلاث جوانب

1 لان الانتهاكات التي يتعرض لها الشعب الفلسطيني ضد مبادئ حقوق الانسان

2 لان ما يحدث في الشرق الاوسط هو مسؤولية آنيه وتاريخية لبريطانيا

3 لان تزايد الضغط الذي تولده هذة القضية في بين المواطنين البريطانيين بتنامي كما هو الحال في باقي انحاء العالم

اوروبا وحقوق الانسان

بريطانيا وحقوق الانسان

هل يتمتع البريطانيون بكل حقوقهم؟ هل فقدوا بعض هذة الحقوق؟ هل هذا مفصول ام ان له علاقة بمشكلة الشرق الاوسط؟

خلال مرافقتنا لاطفال فلسطين في جولاتهم في لندن كانوا على الدوام يقارنون حياتهم في فلسطين مع ما يشاهدون في بريطانيا وقالوا ان البريطانيون يعيشون حياة مريحة وحرة في الكثير من مناحي الحياة. هذا صحيح ولكن ليس سهلاً كما يبدو.

الحياة المريحة والضمان الاجتماعي

لا يمكن اعتبار ان الناس في بريطانيا يعيشون بنفس المستوى. فهم لا يحصلون على نفس الفرص ولا يعاملون جميعا بنفس الاسلوب. لقد شهد التاريخ تغيرات كبيرة وتحديدا في الصراعات التي خاضها الفقراء ليحيوا حياة كريمة ولا زالت هذة الصراعات تتجلى حتى يومنا هذا.

واقع الفقراء في بريطانيا هو افضل بكثير من مما كان عليه قبل ١٥٠ عام. فيستطيع الناس الحصول على الطعام والمسكن والتعليم لاولادهم. كذلك فبإمكانهم طلب مساعدة الحكومة في حال فقدان مصادر الدخل على سبيل المثال. لكن هذة الاموال التي تصرف على الفقراء تأتي من المواطنين وتحديداً من يدفعون الضرائب وهناك أيضاً صراع كبير على هذا الصعيد. فالاغنياء بالعادة يتذمرون من دفع الضرائب. وعليه فقد زادت الفجوة بين الاغنياء والفقراء بدل ان تتقلص.

الامبراطورية البريطانية

انجلترا كانت على الدوام بلد مختلط (كباقي دول العالم) لندن مدينة متميزة فيها خليط مميز من الناس من كل مكان في العالم. فالناس يتنقلون للعمل او التجارة او الدارسة منهم من يستقر ومنهم من يغادر.

لقد ادى التعدد في الثقافات واللغات الى ان تصبح لندن مدينة غنية. ولكن للاسف فللاضطهاد تاريخ طويل جدا مع بريطانيا. وهذا مرتبط بتاريخ الامبراطورية البريطانية عندما اعتقد البريطانيون انهم افضل من غيرهم من البشر.

ما بين القرن السادس عشر والقرن العشرين وصل البريطانيون الى دول عديدة في العالم واحتلوها وقد احضروا منها العديد من الاشياء (المال والمواد الخام والمعادن) وعليه فقد اضحت بريطانيا غنية. لكن ما حدث نتيجة لذلك بان تلك الدول اصبحت فقيرة وزادت معاناتها. مما ولد العديد من المشاكل فيها وعلى حدودها نتيجة التقسيم الذي سببته بريطانيا.

واضحت بريطانيا دولة محتلة في الشرق الاوسط بعد انتهاء الحرب العالمية الاولى. فقد سيطرت بريطانيا على فلسطين والاردن ومصر والعراق وعليه فان الانتداب البريطاني يتحمل الوزر الاكبر في التطورات التي شهدتها القضية الفلسطينية خلال القرن العشرين.

القوانين ضد التميز العنصري والاضطهاد

قدم العديد من الناس الى بريطانيا من دول الانتداب طلباً للعلم او العمل وانضم اليهم العديدون من دول اخرى كلاجئين بالاضافة الى اناس من باقي دول الاتحاد الاوروبي

لقد كان هناك صراع مرير ضد التميز العنصري الذي تعرض له السود والآسيويين. بالاضافة إلى الاجئين والقادمين الجدد والذين تعرضون ايضاً الى نفس القدر من سوء المعاملة.

اليوم هناك قوانين ضد الاضطهاد والتميز العنصري قبل خمسون عاما كنت ترى في بريطانيا لوحات لبيع البيوت مثلاً كان مكتوب عليها ليس للسود وكذلك كان هناك مقاهي معلق فيها ممنوع دخول الغجر لكن هذة الامور انتهت الان واصبحت غير قانونية. لقد كان هناك صراع مرير جداً ضد الاضطهاد في بريطانيا وعانى السود والاسيويون كثيراً وفي الوقت الحاضر يعاني اللاجئين ومجموعات اخرى من بينهم المسلمين من سوء المعاملة والملاحق وهذا مرتبط بدرجة كبيرة بما يحدث في فلسطين.

المحددات لحقوق الانسان في بريطانيا

في الاعوام الماضية ربطت بريطانيا نفسها مرة اخرى بقضايا الشرق الاوسط. من خلال مشاركة الولايات المتحدة الامريكية في حربها على العراق وارسال جنود بريطانيون الى افغانستان مما ادى الى خلق انطباع عند الناس في الشرق الاوسط عن وجود مكيالان في الغرب للتعامل مع قضايا الديمقراطية والقانون الدولي الانساني والاشارة دائما الى قضية فلسطين.

لقد حصلت اعمال ارهابية في مدن كبيرة في الغرب

Europe and Human Rights

Britain and Human Rights

Do people in Britain have all their human rights? Are they losing some of them? Is this separate from or linked to the problems in the Middle East?

During the visit of the young Palestinians to London, they contrasted their lives with what they saw in Britain and said that the British live in comfort and freedom. In many ways that is very true. However, it isn't simple.

A comfortable life and social security
People aren't all in the same position as each other in Britain. They don't have the same chances and they aren't all treated in the same way. There have been big changes through history and the struggles of the poor for a comfortable life are not finished.

The situation of the poor in Britain is very much better than it was say 150 years ago. People can expect food and housing and education for their children. They can ask for help from the government if they are out of work, for example. But this money comes from the people, from taxation, and there is always a struggle about it. The rich don't like to be taxed! And in recent years, the gap between the rich and the poor has got bigger, not smaller.

British Empire
England has always been mixed (like the rest of the world). London is an amazingly mixed city. There are people from everywhere. People have travelled and traded and some of them have stayed.

The mixture of people and cultures and languages makes London a rich place, but racism unfortunately has a long history in Britain. This partly links to the history of the British Empire, when the British told themselves they were somehow better than other people.

Between the 16th and 20th centuries, British people went all over the world and took over many countries. They brought back raw materials and exported manufactured items and Britain at that time became rich. But what happened is that those other parts of the world became poor, and many new problems were created by the borders and divisions that the Empire made.

Britain also became an occupying power in the Middle East. After the First World War, Britain took over Palestine (as well as Egypt, Jordan and Iraq) and the British Mandate was involved in the development of the Palestinian problem during the twentieth century.

Laws against racial discrimination
Many people moved to Britain from the Empire, for work or for education; they were joined by people coming from other parts of the world as refugees, and also from people from other parts of the European Union.

There has been a long struggle against racism as Black people and Asian people have had a hard time here, and this continues as now refugees and other groups are singled out for bad treatment.

There are now laws against racial discrimination. Fifty years ago there were notices on houses to rent saying "no blacks" or notices in pubs saying "no gypsies." Those are not allowed now. But racism and discrimination against particular groups continues, though less openly, and in recent years, Muslims have been treated with particular suspicion. Once again, this links up to the problems in the Middle East and the Palestinian question.

Limitations on human rights in Britain?
In recent years, Britain has also involved itself again dramatically in the Middle East, taking part in the US-led war against Iraq and sending soldiers to Afghanistan. Meanwhile, voices in the Middle East claim the West has double standards on issues such as democracy, international law—and point to the issue of Palestine.

* 11th September 2001

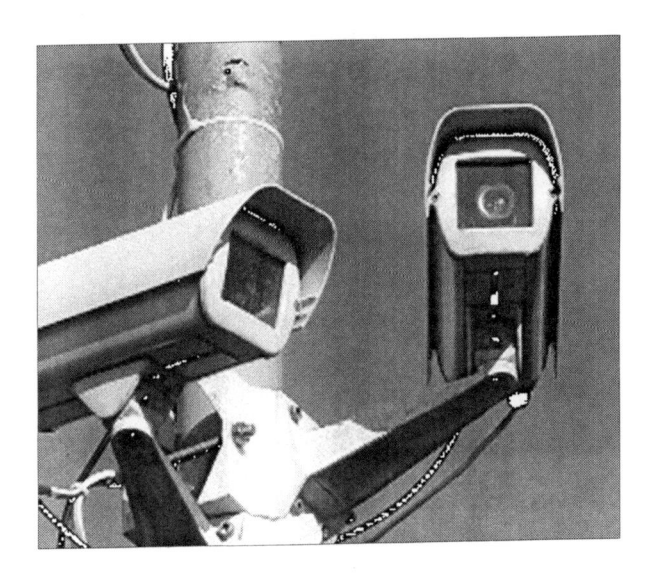

There have been acts of terrorism in big cities in the West, in the US on 9/11 and in London on 7/7/05. The hugely destructive war in the Middle East has not brought peace to anyone. In an atmosphere of unrest, security precautions in Britain have gone up—though arguably our real security has gone down. There are armed police on the street in London sometimes, now, though this used to be rare. There have been increasing numbers of raids and arrests. Following the bombings in London, police chased and shot an innocent man dead in the Tube.

During the time the young Palestinians were in Britain, we saw
- police surrounding a house and arresting people;
- police cars screeching to a halt and lining up Somali youth to search them;
- the only protester who is now allowed to be in Parliament Square without police permission
- surveillance cameras, Oyster cards and mobiles that can be tracked

The English group of Youth Ambassadors have had experience of stop and search. As they asked, does this protect us or is this harassment? Does this affect everyone equally, or are black, ethnic minority and in particular Muslim youth most likely to be stopped by the police?

Many people in Britain have been concerned that recent changes in the name of security like the Counter Terrorism Act are limiting important freedoms and affecting human rights: the right to free assembly, the right to privacy, the right to a fair trial. The justification for these changes is the threat of terrorism.

It is true that young people in Britain live in much more freedom than young people in Palestine do. But the world is joined together, and just as the West has involved itself in the Middle East, so the problems of the Middle East are affecting people in Britain too.

Britain and Palestine
All this gives British people three linked reasons to be concerned with the human rights situation in Palestine:

1 because of the human rights violations that are happening there;
2 because what is happening in the Middle East continues to be partly a British responsibility; and
3 because the increase of tension that this problem is creating affects the human rights of people in Britain as well as the rest of the world.

الحديث عن اليهود وعن اسرائيل

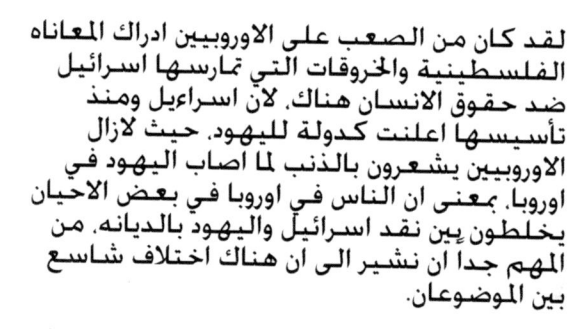

لقد كان من الصعب على الاوروبيين ادراك المعاناه الفلسطينية والخروقات التي تمارسها اسرائيل ضد حقوق الانسان هناك، لان اسراعيل ومنذ تأسيسها اعلنت كدولة لليهود. حيث لازال الاوروبيين يشعرون بالذنب لما اصاب اليهود في اوروبا. بمعنى ان الناس في اوروبا في بعض الاحيان يخلطون بين نقد اسرائيل واليهود بالديانه. من المهم جداً ان نشير الى ان هناك اختلاف شاسع بين الموضوعان.

يعي الناس في اوروبا حجم المعاناه التي سببها الاوروبيين لليهود، وبشكل كبير كان لذلك أثر في التطور الكبير الذي حصل على قوانين حقوق الانسان خصوصاً بعد المأساه التي ارتكبت على ايدي النازيين وما خلفت الحرب العالمية الثانية من دمار.

نزح بعض الاوروبيين الى فلسطين كنتاج لما حدث ايام النازيين ولكن ليس كل من جاء الى فلسطين جاء لهذا السبب ومن ذلك الوقت تم تعويض اليهود الذين عانوا في اوروبا واعيدت اليهم كل املاكهم وحقوقهم ... الخ.

تبنت دولة اسرائيل والقوات المسلحة الاسرائيلية شعار الديانة اليهودية، وتجادل الحكومات الاسرائيلية بان اسرائيل هي دولة لليهود حيث تشجع اسرائيل الهجرة اليهودية من كل العالم اليها فيما تمنع اللاجئين الفلسطينيين من العام ١٩٤٨ من العودة الى ديارهم على الرغم من القانون الدولي يعطيهم الحق في العودة.

كل هذا يظهر ان اسرائيل تتكلم بالنيابه عن اليهود وكل المؤيدون لاسرائيل يعنون ذلك كل الوقت، مدعين ان من ينتقد اسرائيل او جيشها

فهو بالطبيعي ينتقد اليهود، لكن مرة اخرى هذا ارباك مقصود. اذا كان هناك انتهاك ضد حقوق الانسان يكون للجميع الحق في الوقوف ضده، ولا يمكن التعميم بان كل اليهود او المسلمين او المسيحيون يمارسيون نفس الممارسات.

في الحقيقة ليس كل اليهود يأخذون نفس الموقف من اسرائيل فهناك العديد منهم ضد ممارسات اسرائيل.

وجهت نظر قوانين حقوق الانسان تقول ان كل البشر يجب ان يتمتعوا بكل الحقوق التي تم نقاشها في هذا الكتاب. لقد التقينا العديد من الفلسطينيون الذين قالوا لنا ان الصرع ليس له علاقة في الدين بالنسبة لنا نحن نستطيع ان نعيش كما كنا بسلام مع كل أهل الاديان اذا احترموا حقوق الانسان.

عندما كنت في الخامسة عشر من العمر شاركت في زيارة الى الولايات المتحدة الامريكية للقاء اطفال من اسرائيل، لم اجد لدى هؤلاء الاطفال اي معلومات عن معاناتنا في فلسطين، وقد كانوا مندهشون جدا لما قلنا لهم لكن الإن وبعد عودتي الى فلسطين لم نلتقى معهم ابدا.

عفاف

انا يهوديه ولكن عائلتي ليست سعيدة لما تفعله اسرائيل للفلسطينيين، لن تزور عائلتي اسرائيل قبل ان تنهي اسرائيل احتلالها.

طفله من كامدن شاركت في مشروع السفراء الشباب

Europe and Human Rights

Talking about Israel and Jews

Palestinian suffering and the violations against their human rights by Israel have been hard to recount in Europe, partly because of the claim by Israel to be a Jewish state, and because Europe has its own guilt about its treatment of Jewish people. This means that people in Europe sometimes confuse criticism of Israel with a statement about Jews. It is important to point out that these aren't the same thing.

In Europe, people are aware now of the great suffering of the Jews at the hands of Europeans. There were big steps in human rights law partly in response to the horrors of Nazism and the second world war. Some of the immigrants to Israel from Europe went there in response to Nazism—but not all of them. And since that time, Jewish people who suffered in Europe have been able to claim compensation and some restoration of their property rights etc.

The Israeli state and Israeli military carry the Jewish religious symbol, because the Israeli state argues that it is a state in particular for Jews. Israel encourages Jewish immigration from across the world but refuses to allow the Palestinian refugees from 1948 to return, although international law says they should have the right to return.

This makes it look as if Israel speaks on behalf of all Jews, and supporters of Israel often promote this view, suggesting that people who criticise the actions of the Israeli state or army are saying bad things about Jews in particular. But again, that is a confusion. If there are systematic human rights abuses, people have the right to talk about them and to protest against them. And it is no more true that "all Jews" think or do the same as each other than "all Muslims" or "all Christians."

In fact, not all Jews take the same position on Israel—some strongly oppose its activities.

A human rights perspective says that all human beings are entitled to the rights that are discussed in this book. We interviewed many Palestinian people who said "This is not a religious question for us. We can live happily with Jewish people or with anyone, as long as they respect our human rights."

> When I was 15, I was taken on a group visit to the United States to meet Israeli young people. I found that they didn't have any idea at all about how we were suffering in Palestine. They were very surprised about what we told them. Now we are back in Palestine, we don't see each other at all.
>
> *Afaf*

> I am Jewish but my family aren't happy about what Israel is doing to the Palestinians. We don't even want to go to Israel until the Occupation ends.
>
> *Camden child who helped with the visit of Palestinian children to London.*

تجارية حقوق الانسان؟ حتى الان لا يوجد اجراء مباشر واضح بهذا الشأن او الكيفية التي من الممكن ان نحكم بها. وعليه فقد اصبحت النقاشات عن ايقاف التعامل التجاري مع الدول نقاشات سياسية بالمعظم بدل من ان تكون على خلفية واضحة.

ماذا يمكن ان نفعل

احد اهم القضايا الحالية هي قضية وقف الاتفاقيات التجارية مع اسرائيل العديد من دول الاتحاد الاوروبي ترى ان اسرائيل تنتهك حقوق الانسان بشكل صارخ وهم يحاولون دفع دور الاتحاد لتجميد الاتفاقيات مع اسرائيل حتى توقف اسرائيل هذة الانتهاكات.

في نهاية العام الماضي كان هناك تصويت حول هذه القضية في البرلمان الاوروبي حيث طلب من البرلمان تطوير علاقات التجارة مع اسرائيل واضافة متعلقات اخرى لها وقد اشار اعضاء البرلمان الى الحصار المفروض على غزة والاستيطان والجدار وقضية المعتقلين الفلسطينيين في سجون اسرائيل بدون اي مسوغ قانوني.

وبناء على هذة الانتهاكات الاسرائيلية رفض البرلمان الاوروبي التصويت لصالح تطوير العلاقات مع اسرائيل لكن الجدل لازال قائم بين الدول الاوروبية ال ٢٧ حول ما اذا كان يتوجب تطوير هذة الاتفاقيات او ايقافها.

في الوقت الحالي هناك ما يقارب ٦٠٪ من الاعضاء الجدد في البرلمان الاوروبي لذلك يصعب التنبؤ بما سيكون عليه الحال داخل البرلمان لكن واضح ان الشباب من امثالكم من الممكن ان يلعبوا دورا مهماً من خلال ارسال رسائل لاعضاء البرلمان الجدد لاخبارهم عن رأيتكم عن حقوق الانسان.

انه لمن الاهمية ان يستمع صناع القرار والساسة الى آرائكم واصواتكم في حسبانهم وهذا احد اهم الشروط في استراتيجيات حقوق الطفل الاوروبية.

جين لامبرت البرلمان الاوروبي.

اوروبا وحقوق الانسان

اوروبا وحقوق الانسان

اهم النقاط في الكلمة التي القتها جين لامبرت عضوة البرلمان الاوروبي للسفراء الشباب:

اوروبا
يتكون الاتحاد الاوروبي من ٢٧ دولة، ويعمل البرلمان الاوروبي ب ٢٣ لغة مختلفة لكن هناك طبعا مترجمين لذلك لا حاجة لأن يستخدم العضو اي لغة اخرى غير لغته.

في اديبات الاتحاد الاوروبي مباديء حقوق الانسان هي في صميم عمل الاتحاد وركيزته الاساسية وبالتحديد الاعلان العالمي لحقوق الانسان الصادر عن الامم المتحدة والاتفاقيات الاوروبية ذات الصلة.

لقد تطورت السياسات المتعلقة بحقوق الانسان واصبحت اكثر اهمية في السنوات العشرة الماضية لما لها من تأثير كبير ليس فقد على حياة المواطن الاوروبي فحسب بل على العالم الخارجي.

حقوق الانسان
ان اهمية مباديء حقوق الانسان تكمن في انها حقوق فردية تحق لكل شخص كائن من يكون واي كانت تصرفاته، وهي كذلك عالمية ليست حكر على اي دولة او نظام اي انها حقوق لكل البشرية.

هذا على الصعيد النظري اما عملياً لازال هناك حوارات وجدل عن الكيفية التي من الممكن ان تحقق هذة الحقوق للجميع.

الارهاب
في الفترة الاخيرة كان هناك جدل كبير حول قضايا الارهاب، اذا اردت ان تحمي الناس من الارهاب فهل انت بحاجه ان تعتبر حقوق الانسان والجواب دائما اكيد؟ وكيف يمكن حماية حقوق الانسان؟

اما عن حقوق الطفل انه لمن المهم النظر لقضية حقوق الطفل ككل والتي تشمل:

الحق في اللعب

الحق في الحصول على بيئة صحية

الحق في اخذ آراهم في كل ما يتعلق بامورهم

قضايا العناية بهم.

الاتفاقيات التجارية
لقد وضع الاتحاد الاوروبي كمنظمة مجموعة قواعد في ما يتعلق بالتعاون الاقتصادي والتجاري مع الدول ممن هم خارج الاتحاد حيث كان من اهمها احترام هذة الدول لحقوق الانسان، لذا ماذا يمكن ان نفعل اذا انتهكت دولة نحتفظ معها باتفاقيات

* لا تنتمي جمعية صداقة كامدن ابوديس كجمعية خيرية لاي حزب سياسي فنحن نأخذ قضايا حقوق الانسان في فلسطين ونوصلها الى كل ممثلينا شاكرين لهم اهتمامهم وعملهم في سبيل نصرتها ومن بين العديد من ساعدونا جين لامبرت عضوة في حزب الخضر وعضوة في البرلمان الاوروبي جون باويز من حزب المحافظين وجني توخ عضوة في الحزب اللبرالي الديمقراطي وعضوة في مجلس اللوردات وفرانك دوبسون من حزب العمل وعضو في البرلمان البريطاني.

Europe and human rights

Europe and human rights

Main points from a talk to the Youth Ambassadors by Jean Lambert MEP

Europe

The European Union is made up of 27 countries, and the European Parliament works in 23 languages—though there is excellent interpretation available and it isn't necessary for any of us to use all of those languages.

In its documents, the European Union says that human rights is a core principle. The bases are the United Nations declaration and the European Convention on Human Rights

However, the development of human rights policy in the European Union has only become important in about the past ten years. This has importance for the citizens of the EU as well as people in countries outside.

Human rights

The important points are that human rights are seen to belong to individuals, whoever they are and however they behave, and that they are global, not only for one country but for citizens of the world.

That is the theory—but like all grand declarations, there is always an argument about how you make it work in individual cases.

Terrorism

A recent argument has been about terrorism. If you want to protect people from terrorism, do you have to look at people's human rights differently? How do you protect people's human rights in this way?

And children's rights—recently, it has been seen as important to look at the rights of children as a group. This then includes things like
The right to play
The right to have a healthy environment
The right to have a say in all decisions made about them

The question is how to look after them.

---

* Camden Abu Dis Friendship Association as a charity is not aligned with any political party. We take the case of human rights in Palestine to all our representatives and are grateful for their help in taking up cases on our behalf to, among others, Jean Lambert MEP (Green Party), John Bowis MEP (Conservative Party), Baroness Jenny Tonge (Liberal Democrat), Frank Dobson MP (Labour)

Trade agreements

The European Union as an organisation was set up to promote trade and economic issues. Trade agreements with countries outside the EU are important, and these have a clause about human rights. So what do you do if a country you have trade agreements with doesn't abide by human rights? So far, there is no proper clear procedure for how you judge this, and so decisions to stop a trade agreement become political decisions, rather than being based on clear criteria.

What can be done?

One big argument is what should happen to the trade agreement between the EU and Israel. A lot of the EU can see that there are massive human rights violations by Israel, and they argue that the EU should freeze the trade agreement until those human rights violations are stopped.

At the end of last year, there was a vote in the European parliament. Parliament was being asked to develop the EU-Israel trade agreement and add extra parts on research etc. Members pointed out the blockade of Gaza, settlements on Palestinian land, the Wall, Palestinian prisoners in Israeli jails without proper legal rights.

To the background of these human rights violations, the parliament refused to vote on it, so some of these developments can't at the moment go ahead. There is still argument between the governments of the 27 countries on whether they should develop the agreements or stop them.

This is all a good illustration of the question about how you make human rights really live for people.

Now we have a new parliament and 60% of the members are new, so it's not clear what direction it will go in. But it is clear that young people like yourselves have a role here—you can write to or visit your MEPs and tell them what you think about human rights issues.

ماذا نستطيع ان نفعل؟

What can we do?

107

ماذا يمكن ان نفعل؟ بعض ما كتب الاطفال الانجليز

- الكتابة الى اعضاء البرلمان المحليين لدفعهم للضغط على الحكومة للايفاء باستحقاقات معاهدة جنيف. يجب ان يتحركوا ضد الانتهاكات الفاضحة لحقوق الانسان في الدول الاخرى.

- اكتب ايضا لاعضاء البرلمان الاوروبي

ماذا نريد منكم؟ من اطفال فلسطين

- انا لن اطلب منكم ان تحاربوا عني، ولكن اريد منكم ان تنقلوا اخبارنا وقصصنا عن الحياة في فلسطين الى الجميع. اريد منكم ان تخبروا الجميع عن معاناة الشعب الفلسطيني والمشاكل التي تواجهه جراء الاحتلال وان تنقلوا صورة ايجابية عنا لتغيروا الانطباع السائد في الغرب عن الشعب الفلسطيني.

- نحن نطالب بان يهدم الجدار وان تزال الحواجز وبان نحصل على حقوقنا في العيش بسلام وبان نحرر ارضنا من الصهاينة.

- نود ان تساعدونا في وقف العدوان الاسرائيلي على المدارس والتعليم لان حياتنا ستكون افضل.

- قاطعوا اسرائيل قوموا بالضغط من خلال البرلمانات في كل العالم حتى يسمع العالم صوت فلسطين. اعطوا الفرصة للفلسطينيين لايصال صوتهم وشرح معاناتهم للعالم كله.

- نريد منكم ان تشددوا الضغط على اسرائيل لدفعها على ازالت الحواجز.

- نريد منكم ان توقفوا التعامل مع اسرائيل وان تقاطعوها

- ان تنظموا مظاهرات ضخمة في كل الوقت للضغط على الاحتلال.

- ان تعقدوا المزيد من المؤتمرات لمساندة الشعب الفلسطيني، ورفع الحصار عنه.

- انا اريد منكم ان تفهموا القضية الفلسطينية وان تؤمنوا بعدالتها

- نطلب من الناس في بريطانيا والاتحاد الاوروبي ان يأخذوا قصصنا الى العالم باسره وان يشرحوا لهم عن الاوضاع في فلسطين وحياة الناس تحت الاحتلال.

What can we do?

What do we want?

From the Palestinian young people

- I will not ask you to fight for me, but I want you to tell others about our stories and what is going on in Palestine. I want you to tell them about suffering and problems in Palestine and to give a positive image about us, to change our image in the west

- We ask for the Wall to be removed—and the checkpoints—and for us to have the right to move and live in peace. We need to liberate Palestine from the Zionists

- We want you to stop the attacks on schools and to remove the Wall, because life will be better

- Boycott Israel. Make pressure on parliaments all over the world to listen to the Palestinian voice. Give a chance to the Palestinians to raise their voice and to explain their suffering under occupation

- We want you to make pressure on Israel to make them remove the checkpoints

- We ask you to stop dealing with the Israelis, to boycott Israel

- We want you to make huge demonstrations all the time to make pressure on the occupation

- To make more and more conferences and meetings to talk against the siege in Palestine

- I want you to believe in the Palestinian case and to understand that we have a just case

- We ask the people here and the European union to take our stories to the whole world and to explain about the situation which we live in under the occupation

---

These are the views of the Palestinian and British young people during the Youth Ambassadors project.
The British young poeple follwed this up and wrote a letter to their MEPs *[see page 125]*

What can we do?

From the British young people

- Write to your local MP who can remind the government of their obligation under the Geneva Convention. They have to respond to gross violations of human rights in other countries like the Wall and the settlements and house demolitions and attacks on civilians

- Write to your local MEP too

ماذا نستطيع ان نفعل؟

طرق للعمل وفق مبادئ حقوق الانسان

امثلة من مشروع السفراء الشباب لحقوق الانسان 2009

كتب
الكتب التي اصدرتها جمعية صداقة كامدن ابوديس (اصوات من ابوديس والايام الستة الاوائل)

Book
The CADFA books "Voices from Abu Dis" and "The First Six Days"

كتابة رسائل ومواضيع صحفية
Writing letters and articles

لقد قمنا بكتابة رسالة الى الصحف المحلية ولكن لم ينشروها. وقمنا بكتابة رسالة الى البرلمان الاوروبي ويوجد نسخة منها في صفحة 124

We wrote a letter to the local paper but they did not choose to publish it. We have written a letter to the London MEPs and a copy of it is below on page 125

التحدث الى ممثلينا في الحكومة والبرلمان
Talking to our representatives –

لقد التقينا بعضوة في البرلمان الاوروبي في لندن

We met an MEP who represents London

المتاحف
Museum

لقد زرنا متحف الحرب الامبريالية وناقشنا عن ما شاهدناه وطرحنا فكرة اقامت متحف فلسطيني

We visited the Imperial War Museum, discussed what we saw, and collected ideas for a Palestinian human rights museum

في الشوارع
In the streets –

لقد قمنا بتحضير شكل كرتوني للجدار الفاصل ووضعناه في الشارع من اجل ان يعلم الناس ما يحدث.

we took our model Wall to the streets to tell people what is happening

Ways to work on human rights

Examples from the Youth Ambassadors for Human Rights project 2009

توزيع المنشورات
Handouts and leaflets

من الممكن الاستعانه بمنشورات جمعية الصداقة حول الاستيطان واللاجئين والمعتقلين الاطفال والجدار متوفرة لدى جمعية صداقة كامدن ابوديس.

CADFA leaflets on subjects such as settlements, refugees, child prisoners, the Wall (available from Camden Abu Dis Friendship Association)

موسيقى
Music

لوكي والعروض الموسيقية الاخرى حول حقوق الانسان والحرية
www.myspace.com/lowkeyuk

Lowkey MC and others sang about rights and freedom: www.myspace.com/lowkeyuk

الحديث
Talking

او المحاضرات والرد على اسئلة في المدارس التي تزوروها.

Giving presentations and answering questions – in the schools that were visited

معارض فنية
Art exhibition

مثال معرض انطباعين للصور عن فلسطين

"Twin impressions" – photo exhibition about Palestine

Film

including the Abu Dis films made on the CADFA youth film project 2009

الافلام

مع الافلام التي تم انتاجها في ابوديس في الصيف الماضي والمشروع الحالي.

الدراما
Drama

العروض التي قدمها الاطفال الفلسطينيين مثل مسرحية عائد الى حيفا عن اللاجئين وعرض صغير عن الجدار والحواجز صفحة 121.

Palestinian children's drama about refugees and about checkpoints (see page 122)

التميز العنصري

التميز العنصري ضد الامة
الاضطهاد سيء
لذلك لا تكن حزيناَ
يصاب الناس بالاذى
لذلك لا تتصرف بحماقة وتوقف عن ممارسة
التميز
انني ارى وجوها مميزة في الاجيال القادمة
وانا متاكد من انهم ذاهبون الى الخيار الافضل
لكن الناس في فلسطين ليس لديهم أي فرصة.
وانا متأكد من انهم يقفون متكافلين ومتحدين
بحب
مجتمعهم.
نورا راهول واكرن.

لا احد يفهمني

لا احد يفهم لغتي
لا احد يفهم عيناي
لا احد يفهم لغة جسدي
لا احد يعرف من اكون
لو كان باستطاعة احد ان يفهم
لو يلاحظ احدهم
لكن لا يوجد مخرج
لا احد يفهم لغتي الغير مفهومه
لا احد يفهم عيناي
لا احد يمكنه معالجة جسدي
انا عالق في هدا الجسد
ولا يوجد من يساعد
لو ان احد يستطيع ان يفهم
الطريقة التي اود فيها ان اقف كانسان

ناديا وزينب

ما كتب الاطفال الانجليز عن التمييز العنصري

(للاطفال الحق بعدم التعرض للمتييز العنصري)

هذا من اهم الحقوق في الاعلان العالمي لحقوق الطفل لانه يعني ان الجميع متساوين.....

المبدأ الاول من الاعلان العالمي لحقوق الطفل... هو الاهم....صاف

بدون المبدأ الاول من الاعلان العالمي لحقوق الطفل لما كانت قيمة لباقي المبادئ... آنا

الحق في عدم التعرض للتمييز هذا الحق مهم جداً بالنسبة لي واذا تم سلبي اياه سيكون من الصعب علي ان اعيش حياة كريمة وساكون حزين... عبدو

لو لم يكون هذا الحق مكتسب عندي لتغيرت كل حياتي.

تخيل

امه تحكم بالتمييز العنصري
الاقلية تأخذ الافضل والبؤس يكون مصير المتبقين
يتم اصدار قوانين عنصرية تتعلق بكل مناحي الحياة من مسكن وتعليم وصحة
تخيل أنك فقدت الخيار اذا ان تبقى صامتاً اي كان شكل التميز بالعمر او اللون او الجنس سيكون العالم اسواء
هل تتخيل ان يدير كل البلاد عنصريين؟

بالو

What can we do?

Writing about discrimination: by the British young people

"Children have the right not to be discriminated against"

I think this is the most important right in the charter because it means everyone can be equal…

Principle 1 of the Declaration of the Rights of the Child… is the most important … *Saf*

Without principle 1, the rest of these rights wouldn't exist! … *Anna*

The right to not be discriminated against is really important to me, if it was taken away I would get really sad really often…. *Abdu*

If I didn't have the right not to be discriminated against, it would change my whole life:

Imagine

Imagine a nation
Run by discrimination
The few get the best
Deprivation for the rest
Lawmakers make the rules
About houses, hospitals, schools
Imagine you had no choice
But to keep silent your voice
Whether by age or sex or race
The world's a much worse place
Could you imagine every nation
Run by discrimination?

Ballu

Discrimination

Discrimination
Aint for the nation
Racism is bad
So don't be sad
People get hurt
So don't be a jerk
Stop discriminating
Don't be hating
Stop all the death and tribulation
Of the next generation
I'm seeing a lot of great faces
And I know they are going to brilliant places
But people in Palestine don't have that opportunity
But I do know that they stand in a united and loving community.

Nora, Ruhel and Akhran

No one understands

No one understands my language
No one understands my eyes
No one understands my body
No one understands who I am
If only someone could understand
If only someone notices
That I have so much to say
But there is no way
No one understands my unknown language
No one understands my eyes
No one can repair my body
I'm trapped in this body
With no one to help.
If only someone could understand
The way I want to stand
Up like a man!

Nadia and Zaynab

عمل فني
للاطفال
البريطانيون
والفلسطينيون

Artwork by the British and Palestinian young people

المشهد الثاني: عند الجدار

الجندي مرحب ابو العبد ماذا تريد؟

ابو العبد اريد تصريح الى القدس حتى ارافق ابنتي الى المستشفى

الجندي انت تعرف يا ابو عبد اننا لن نعطيك تصريح

ابو العبد ارجوكم اريد التصريح لان ابنتي مريضة اليس لديكم رحمة؟ اليس لديكم اطفال؟

الجندي اخرس ابنتك ليست مريضة فهي كالقرد، اطفالكم ليس كاطفالنا تذكر اننا نحن شعب الله المختار اذهب الى بيتك لن تحصل على تصريح

المشهد الثالث

الجندي اهلاً يا جميلة الى اين انتي ذاهبة

الفتاه اخرس انا اريد الذهاب الى المدرسة

الجندي الا تعرفين انه ليس لكي الحق في الذهاب الى المدرسة خلف الجدار عودي الى بيتك

الفتاه ليس لدي اي سلاح ولا متفجرات احمل كبي وانا متوجهه الى المدرسة

الجندي لن تمري من هنا ونحن نقصد ذلك

الفتاه اتنمى ان يأخذك الله ايها الحقير

المشهد الرابع

الجندي انت مرة اخرى ماذا تريد؟

الرجل اريد ان اذهب الى عملي

الجندي لا تستطيع الذهاب فعملك خلف الجدار ولا يحق لك الذهاب

الرجل اريد ان اذهب اتركني، اريد ان احضر ما يلزم اولادي

الجندي لن تمر عود الى بيتك

الرجل اصبحنا نحتاج الى تصريح كي نذهب الى غرف نومنا، يجب ان نضاف الى كتاب جينيس، بيتي في دولتان مختلفتان حيث ان غرفة الجلوس في الضفة الغربية وغرفة النوم في القدس وبينهما جدار

الجندي انتظر هنا ساحول ان احضر لك تصريح (يذهب الجندي ويعود مرة اخرى) تهانينا لقد حصل لنفسك على تصريح

الرجل احتاج الى تصريح اخر لزوجتي

الجندي انت طماع يجب ان تختار بين ان تحصل انت على تصريح او ان يكون التصريح لزوجتك ولن نسمح بان تكونوا معا في غرفة نومكم حتى لا ترزقوا باطفال جدد يضربوننا بالحجاة

الرجل لا احتاج الى تعليقاتك السخيفة

الجندي اللعنة عليك لست بحاجة الى تصريحك ايضا.

ماذا نستطيع ان نفعل؟

جزء من مسرحيه قدمها اطفال ابوديس اثناء الزيارة

الجدار

تقديم

قبل أن تشرع إسرائيل ببناء الجدار الفاصل في العام 2002 كانت ابوديس تعد ضاحية من ضواحي القدس وكان أهالي ابوديس يعملون ويذهبون إلى المدارس في مركز المدينة. ولكن بعد ان أقيم الجدار بارتفاع 30 قدم فصل ابوديس عن القدس وأضحت ابوديس جزء من الضفة الغربية. اذا كنت تسكن في ابوديس فليس باستطاعتك ان تصل للقدس بدون تصريح خاص. وكنتيجة لذلك فقد العديد من الناس وظائفهم واطضر العديد من الطلاب الى تغيير مدارسهم وفصلت العديد من العائلات.

المشهد الاول

الزوجة زوجي كسول جداً. فهو نائم كل الوقت

الزوج ماذا تريدين مني دعيني انام

الزوجة انهض وحاول ان تذهب الى العمل لتحضر لنا طعام اومال اولادك يسألون عن الطعام كل الوقت

الزوج لا استطيع الذهاب الى العمل لوجود الجدار

الزوجة لا تسلم لذلك هذة ارضنا وعليك ان تحاول عبور الحاجز

الزوج وكأنكي لا تعرفين ماذا يحدث. هل تتوقعين مني هدم الجدار او الدخول من الفتحات الصغيرة فيه

الزوجة انت دائم تسخر مني. اذهب الى الحاجز مع ابنتك عل الجنود يسمحون لك بالمرور

الزوج لقد قلت لكي بالماضي اننا لا نمتلك المدخل الكافي ليكون عندنا هذا العدد من الاطفال وها نحن اليوم لا نستطيع اطعامهم

الزوجة انت تقول ذلك على الدوام وكأني احضرت الاطفال من بيت ابي. هيا تحرك ايها الكسول واذهب الى الحاجز

الزوج حسناً ساذهب

What can we do?

Part of a play by the young people from Abu Dis

The Wall

Narrator — Abu Dis was part of Jerusalem. Before 2002 many of the people living there went to work and school in the centre of the city. Since then the Israelis have built a 30 foot high concrete wall separating Abu Dis from Jerusalem. Abu Dis is now part of the West Bank. If you live in Abu Dis you cannot go to Jerusalem without a special permit. Many people have lost their jobs, children have been forced to change schools and families have been separated.

SCENE 1: IN A HOUSE IN ABU DIS

Wife — My Husband is so lazy. He sleeps all the time

Husband — What do you want from me so early in the morning? Let me sleep.

Wife — Go and get some food or money for the children. They've been running after me all morning.

Husband — I can't go to my job because it is behind the Wall.

Wife — We can't give up. It's our land and we mustn't give up.

Husband — You speak like an actor. Go throw eggs at the Wall. Break it down.

Wife — You always make fun of me. Go to the check point with your daughter and maybe they will have sympathy and let you through.

Husband — I told you in the past we didn't have enough money for so many children but you insisted on having them. I always have backache because of them.

Wife	You always say it's my fault. I didn't bring them from my parents' house. Come on you lazy man, go...go...go.
Husband	OK, I'll go.

SCENE 2: AT THE WALL

Soldier	Hey Abu Abed, what do you want?
Abu Abed	I want a permit so I can take this little girl to hospital.
Soldier	Come along Abu Abed, you know that we can't give you a permit here.
Abu Abed	Oh please, I need it now. My daughter is seriously ill. Have some sympathy. Don't you have any children of your own?
Soldier	Shut up, old man. Your child is not sick, she acts like a monkey. Your children are not like ours. Remember we are God's chosen people. Go home!

SCENE 3

Soldier	Hey there, pretty girl! Where are you going, my darling?
Girl	Shut up you! I want to go to school.
Soldier	Don't you know there's no school for you there? Go back home.
Girl	I don't have any bombs or guns in my bag. I just have books and pencils.
Soldier	You absolutely cannot pass—we mean it.
Girl	I hope God kills you, you horrible man.

SCENE 4

Soldier	You again! What do you want?
Man	I want to get to my job.
Soldier	You can't go there. Your job is on the other side of the Wall.
Man	Please let me through. I need money to feed my children.
Soldier	No way. You can't pass. Go back to your house.
Man	I need a permit to go to my bedroom. I should be in the Guinness Book of Records. My house is in two countries—my living room is on the West Bank and my bedroom is in Israel.
Soldier	Wait here! I'll see what I can do about a permit.

(Soldier goes off and comes back again)

	OK, congratulations! I've managed to get a permit for you.
Man	I need one for my wife, too, not just for me
Soldier	You must choose between yourself and your wife. If you share the bedroom you will have more children—more children to throw stones and rocks at us!
Man	I don't need any of your stupid comments.
	Damn you all. This permit is no good to me.

رسالة من اطفال انجلترا الى البرلمان الاوروبي

السادة اعضاء البرلمان الاوروبي

نكتب لكم لنبدي قلقنا حول انتهاك حقوق الانسان في فلسطين.

نحن مجموعة من الفتية طلاب مدارس من الضاحية اللندنية كامدن. وقد كنا اعضاء في مشروع السفراء الشباب من اجل حقوق الانسان والذي نظمته جمعية صداقة كامدن ابوديس (www.camdenabudis.net)

نكتب لكم لنذكركم بالتزامات الحكومات التي وقعت على معاهدة جنيف ونطالبكم بالنظر لما يحدث في فلسطين لكي تضغطوا على الحكومة الاسرائيلية لتوقف انتهاكاتها لحقوق الانسان الفلسطيني.

نحن نسمع دائما الرواية الاسرائيلية ولا يتسنى لنا ان نسمع من اطفال فلسطين. لكن في هذا المشروع سنحت لنا الفرصة بان نلتقي اطفال من فلسطين وان نسمع قصصهم وعن حياتهم تحت الاحتلال.

لقد صعقنا لما سمعناه من قصص من اطفال فلسطين فعلى سبيل المثال. اخبرنا احد الاطفال بان عمه مات على حاجز عسكري اسرائيلي. كذلك قصة همام محسن وهو طالب في المدرسة اطلق جنود اسرائيليون النار على رأسه ثلاث مرات. كانت رصاصات مطاطية ولكنه كان محظوظا لانه بقي على قيد الحياة وهو اليوم يعاني من شلل في النصف اليمين من جسمه.

نحن حزينون جداً لان اطفال قالوا لنا بانهم عائدون الان الى سجنهم في فلسطين. نحن نهتم حقا لامرهم ونريد ان نفعل اي شيء لتخفيف معاناتهم. ونحن متأكدين بان الناس لن يصمتوا حيال ما يجري في فلسطين وانه لا بد من التحرك لوقف لانتهاكات.

نأمل بان نلتقي بكم ونطلعكم على تجربتنا وما تعلمناه من هذة الزيارة ومدى تأثيرها علينا. وان نناقش ما يمكن فعله. وسنكون سعداء اذا تمكن اصدقائنا من فلسطين من الحضور معنا من اجل ان يطلعوكم على تجاربهم وقصصهم الحقيقية تحت الاحتلال.

مع فائق الاحترام والشكر.

السفراء الشباب من كامدن

Letter by the Camden young people

Dear Member of the European Parliament

We are writing to you concerning the human rights violations in Palestine.

We are a group of teenage students from throughout the London Borough of Camden. We have been part of the Youth Ambassadors for Human Rights Project organised by Camden Abu Dis Friendship Association (www.camdenabudis.net)

We are writing to remind you of the obligations of governments that have signed the Geneva Convention. We want you to look at the situation in Palestine and put pressure on the Israeli government to stop the human rights violations.

We always hear Israeli stories and we don't hear from Palestinian kids. On this project, we have been meeting Palestinian kids and hearing their stories about what is happening in Palestine.

We were shocked by the personal stories that young Palestinian children told us. For example, one boy's uncle had died at a checkpoint. And they know a boy, Hammam Mohsen, who was shot in the back of the head three times by Israeli soldiers. They were rubber bullets but he is lucky to have survived, although he is paralysed on his right side.

We feel very sad about them going back to the situation that they described to us. They are going back to a place that is like a prison.

We really care and want to do something about it. If the public knew what is going on, they would want to do something about it.

We would like to meet you and to share what we have learnt and tell you about the impact this has had on us, and to discuss what you can do. If we can, we would like to bring these kids to tell you their true stories.

Yours sincerely,

The Camden youth ambassadors

126 لمعلومات إضافية

حقوق الانسان

الاعلان العالمي لحقوق الانسان 1948
http://www.ohchr.org/EN/Pages/WelcomePage.aspx

http://www.ohchr.org/EN/UDHR/Pages/Language.aspx?LangID=arz

معاهدات جنيف

http://www.icrc.org/Web/Eng/siteeng0.nsf/html/genevaconventions?OpenDocument

حقوق الطفل

كل متعلقات الاطفال: خلفية عن الاعلان العاملي لحقوق الطفل لعام (1959) والمعاهدة لحقوق الطفل لعام (1989)
http://www.dcsf.gov.uk/everychildmatters/strategy/strategyandgovernance/uncrc/unitednationsbackground/uncrcbackground/

اليونسيف بريطانيا كتيب حقوق الطفل
http://www.unicef.org.uk/tz/resources/assets/pdf/little_book_rights_2007.pdf

التمييز العنصري في جنوب افريقيا

http://www.apartheidmuseum.org/supplements/issue1/issue1.html
http://www.itisapartheid.org/getthefacts
http://www.sitesofconscience.org/sites/district-six/en/
http://www.southafrica.info/about/history/districtsix.htm

ابوديس وفلسطين

موقع جمعية صداقة كامدن ابوديس
www.camdenabudis.net

كتب جمعية صداقة كامدن ابوديس
الايام الستة الاولى
تحرير نينديتا داوسن وعبدا لوهاب صباح
CADFA, 2007
اصوات من ابوديس
تحرير نينديتا داوسن وعبد الوهاب صباح
CADFA 2008

عائد الى حيفا: بامكانك الحصول على النسخة الانجليزية في اطفال فلسطين عائد الى حيفا وقصص اخرى من تأليف الشهيد غسان كنفاني ترجمة كارين ريلي

المؤسسة الدولية لحماية الطفل فرع فلسطين
http://www.dci-pal.org/

Further information

Human rights

Universal declaration of Human Rights (1948)
http://www.ohchr.org/EN/Pages/WelcomePage.aspx

http://www.ohchr.org/EN/UDHR/Pages/Language.aspx?LangID=eng

About human rights
http://www.un.org/cyberschoolbus/humanrights/index.asp

Geneva Conventions

http://www.icrc.org/Web/Eng/siteeng0.nsf/html/genevaconventions?OpenDocument

Children's rights

Every Child Matters: background to the Declaration of the Rights of the Child (1959) and the Convention on the Rights of the Child (1989)
http://www.dcsf.gov.uk/everychildmatters/strategy/strategyandgovernance/uncrc/unitednationsbackground/uncrcbackground/

Unicef UK: Handbook on children's rights:
http://www.unicef.org.uk/tz/resources/assets/pdf/little_book_rights_2007.pdf

Apartheid in South Africa

http://www.apartheidmuseum.org/supplements/issue1/issue1.html
http://www.itisapartheid.org/getthefacts
http://www.sitesofconscience.org/sites/district-six/en/
http://www.southafrica.info/about/history/districtsix.htm

Abu Dis and Palestine

Camden Abu Dis website:
www.camdenabudis.net

Camden Abu Dis resource books:
Oral history of the 1967 war in Abu Dis:
The First Six Days, eds Nandita Dowson and Abdul Wahab Sabbah, CADFA, 2007
Experiences of people of Abu Dis since 1948:
Voices from Abu Dis, eds Nandita Dowson and Abdul Wahab Sabbah CADFA 2008

Camden Abu Dis leaflets available on Refugees, Settlements and Jerusalem, the Separation Wall, Palestinian prisoners

Returning to Haifa:
You can find the story in English in *Palestine's Children: Returning to Haifa and Other Stories* by Ghassan Kanafani translated by Karen E. Riley

Defence for Children International Palestine Section
http://www.dci-pal.org/

اضاءات على عمل جمعية صداقة كامدن ابوديس

تعمل جمعية صداقة كامدن أبوديس من أجل حماية حقوق الانسان واحترام القانون الدولي الانساني في فلسطين. في الوقت الحالي نحن نستخدم في عملنا الآليات التالية:

- نشر المعلومات (المنشورات، الاجتماعات العامة، موقعنا الالكتروني www.camdenabudis.net

- الزيارات والمتطوعين (زيارات من كامدن لابوديس، زيارات من ابوديس لكامدن، متطوعين يذهبون الى ابوديس للعمل في عدة مجالات ومشاريع من ضمنها تعليم اللغة الانجليزية).

- مشاريع توأمة (علاقات ثنائية بين مؤسسات في كامدن وأبوديس، يعملون مع بعضهم لتنفيذ مشاريع في أبوديس. حاليا هناك روابط تعليمية وصحية ونسوية وشبابية وطلابية).

- حملات تضامن (تحركات عاجلة في مجال انتهاكات حقوق الانسان، مع استمرار مشروع تبني الاسرى الاطفال).

تم تمويل مشروع السفراء الشباب من اجل حقوق الانسان (www.yhr09.blogspot.com) من قبل الاتحاد الاوروبي (يوث إن آكشن) مع مساعدة كبيرة من مؤسسات وأشخاص كثيرون. روابطنا الشبابية فعالة جدا ونحن على اتم الاستعداد للمساعدة في تنظيم وتمويل اي مشاريع او تبادل شباب في المستقبل.

هناك معلومات اضافية عن هذا المشروع في موقعنا الالكتروني www.camdenabudis.net

The work of Camden Abu Dis Friendship Association

CADFA works to promote human rights and respect for international humanitarian law in Palestine. We currently work in the following areas:

- Information (publications, public meetings, our website: www.camdenabudis.net)

- Visits and volunteers (visits from Camden to Abu Dis and visits from Abu Dis to Camden; volunteers going to Abu Dis to work in a number of projects including English language teaching)

- Twinning projects (links between peers in Camden and Abu Dis, work together on positive projects in Abu Dis; current links groups include youth, education, health, women, students)

- Campaigns (for example child prisoner campaign, urgent action campaigns)

The Youth Ambassadors for Human Rights Project (www.yhr09.blogspot.com) was funded by Youth in Action (European Union) with the help of other organisations and individuals. Our youth links group is active and we welcome help in arranging and funding further youth exchanges and projects together.

There is more information on our website www.camdenabudis.net

Lightning Source UK Ltd.
Milton Keynes UK
23 January 2010

149004UK00001B/2/P

9 780955 613623